KB261805

성공하는 자녀의 네 가지 비밀

성공하는 자녀의 네 가지 비밀

초판 1쇄 발행 2013년 11월 11일

지 은 이   박찬승
발 행 인   권선복
편집주간   김정웅
편   집   신지은
디 자 인   박연주
교정교열   김호연
전 자 책   신미경
마 케 팅   서선교
발 행 처   도서출판 행복에너지
출판등록   제315-2011-000035호
주   소   (157-010) 서울특별시 강서구 화곡로 232
전   화   0505-613-6133
팩   스   0303-0799-1560
홈페이지   www.happybook.or.kr
이 메 일   ksbdata@daum.net

값 15,000원
ISBN 979-11-5602-008-0   13370

도서출판 행복에너지는 독자 여러분의 아이디어와 원고 투고를 기다립니다. 책으로 만들기를 원하는 콘텐츠가 있으신 분은 이메일이나 홈페이지를 통해 간단한 기획서와 기획의도, 연락처 등을 보내주십시오. 행복에너지의 문은 언제나 활짝 열려 있습니다.

도서출판 행복에너지 홈페이지에 방문하여 회원가입을 하시면 신간발행 소식과 함께 (주)휴넷 조영탁 대표님의 '행복한 경영이야기' 소식을 전송해 드립니다.

도서출판 행복에너지

수많은 가정의 자녀교육과
영재교육 도우미의 성공 노하우

성공하는 자녀의
네 가지 비밀

| 박찬승 지음 |

중학교 입학시험 날. 눈두덩에는 살이 소복하게 오르고 입을 꽉 다물고 다니는 과묵한 아이가 흰 칼라가 붙은 교복을 입고 교모를 쓴 모습으로 중학교 입학시험을 보러 갔다. 시험을 치른 후 운동장에 서성이다가 굴러오는 공을 발로 힘 있게 차올렸다.

"야, 임마 너 이리와!"

갑자기 중학생 형이 다가오더니 따귀를 갈기며 매섭게 쏘아붙였다.

"송구 공을 발로 차, 이 자식!"

나는 송구 공(핸드볼 할 때 쓰는 공, 그 당시에는 송구 공으로 불림)을 처음 보았다. 발로 차서는 안 되는 공이라는 것을 몰랐다. 나는 중학교 입학시험을 보러온 첫날부터 중학생 형에게 맞았다. 그 후로는 좋아했던 운동이 싫어졌다. 중학교 입학하고 나서부터는 선배들이 무서워서 교실에 가만히 앉아 주로 책을 읽었다. 아마 그때부터인 것 같다. 내가 책을 읽는 습관이 생긴 것이.

지금 생각하면 1960년대 중반이었으니까, 해방된 지 15년이 조금 지나 한창 학생들이 못된 일본순사 흉내를 내고 다녔던 시기였다.

고등학교 때에는 내가 살던 지역에는 마땅한 일반계고등학교가 없었으니 멀리 떨어진 지역의 학교에 다니게 되었다. 남의 집 윗방에서 기거하던 어느 날 안방에서 아주머니가 불렀다.

"학생!"

"예."

대답을 한 후 안방과 윗방 사이에 있는 문을 열고 고개를 내미니, 주인아줌마 옆에 앉아있던 손님이 나를 지켜보았다. 순간, 눈길이 마주쳤다. 그리고 하는 말

"저 학생은 나중에 선생님하면 잘하겠네."

그 말이 결국은 나의 평생 직업이 되었다. 그 손님은 나중에 알아보니 점쟁이 아줌마였다. 점쟁이 아줌마의 말을 듣고 뜻을 둔 것은 아니지만, 교육활동의 길은 내 적성에 맞는 직업이었다. 지금 나는 후회가 없다. 수많은 학생을 교육하면서 행복하게 지내고 있으니 말이다.

교사경력이 짧았던 시기에 교육관이 확립되지 않은 상태에서 학

생의 소질과 적성을 무시하고, 오로지 성적만을 올리기 위해 매를 들었던 혼돈의 초년병 시기. 그때는 학생들의 먼 인생을 내다보지도 못하였고 진학·진로지도도 제대로 못 하였다.

교육경력이 쌓아지면서 학생의 특성을 존중하고 소질을 살려가면서 영재교육과 평재平才교육, 부진아교육에 관심을 가졌던 열정의 시기. 그 시기에는 교실 안에 교사인 나는 한 사람밖에 없었지만 앉아있는 모든 학생들을 대상으로 교육의 다양성을 추구하면서 학생 각자의 능력에 맞는 다양한 교수활동을 전개하려고 노력했다. 또한, 학생 개개인의 자아실현을 도와주는 도우미 역할로서 인생의 상담자이자 안내자 역할을 열심히 하려고 노력하였다.

그 후 나는 교육전문직 시험에 합격하여 교육정책을 입안하여 추진하고, 일선 학교 교육활동에 도움을 주는 장학활동에 매진하였다. 그 시기에 비로소 교육과 국가의 정체성 및 국가발전, 교육과 국민행복, 교육과 국민경제, 나아가 교육과 인류의 삶의 질 향상과 지구환경보전의 관계를 알게 되었다.

그 후 전 세계의 교육패러다임은 빠르게 변하여 각국은 우수한 인재육성에 진력하게 되었고, 우리나라도 영재교육대열에 합류하여 현재에 이르고 있다.

영재교육을 하면서 창의성 교육의 중요성과 인성의 상관관계를 생각해 볼 기회가 많아졌다. 또한, 언론에 비친 우리나라의 많은 지도급 인사들의 비리를 보면서 그들의 학창시절의 모습을 그려보는 습관이 생겼다. 그들은 그토록 오랫동안 공부한 지식이 인성과 융합되지 못한 것에서 오는 부작용이라 생각된다.

나는 그간 다양한 학교에서 많은 학생들을 교육하면서 보고, 느끼고, 조사하고, 상담하면서 얻은 자료를 이 책에 담고자 한다. 그리하여 청소년들이 자아실현을 이루어 인생을 출세보다는 진정한 성공으로 이끌고, 그런 청소년에게 도우미 역할을 하여야 하는 부모님들을 포함한 많은 선생님과 사회의 지도급 인사들에게 경험의 한 단면을 보여주고자 한다.

과학의 도시 대전에서

송지松池 박 찬 능

contents

　이스라엘의 어머니들은 학교에서 돌아온 아이에게 "오늘 무슨 질문을 했니?"하고 묻는다고 한다. 우리나라의 어머니들은 보통 "오늘 선생님 말씀 잘 들었니?"라고 묻는다. 우리나라 부모님들과는 사뭇 다르다.

　이스라엘에서 가장 훌륭한 학생은 학교에서 좋은 질문을 하는 학생이라고 한다. 좋은 질문을 하는 학생은 학급의 리더가 될 뿐만 아니라 선생님들로부터 칭찬을 많이 받기도 한다.

　역대 노벨상수상자 중 30%가 넘는 사람이 유대인인 것을 보면 강의식 수업보다는 토론과 질문을 통한 수업이 학생들에게 더 유익한 것임은 분명하다.

스스로의 역할

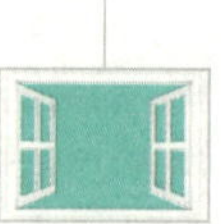

01
지적 능력의 창

네 개 고리의 비밀이 성공을 보장한다

세계적으로 교육열이 높은 우리 국민은 '영재'라는 말에 많은 관심을 두고 있다. 아이를 키워 본 부모는 '우리 아이가 혹시 영재는 아닐까?' 하는 생각을 한 번쯤은 가져본다. 우리 아이가 영재라면 그 영재성을 잘 살려주어야 한다는 생각에 영재교육기관의 문을 두드려보기도 한다. 엄마는 아직 어린 아이에게 한글, 영어, 한자, 사칙연산 등을 가르치다 아이가 곧잘 하면, 큰 착각을 하게 된다. '우리 아이는 틀림없이 영재일 거야.' 그러나 아이는 점점 자라면서 개성과 자율성이 형성되고 자기 생각을 말과 행동으로 나타내게 된다. 이때 외부에서 주어지는 자극과 생각이 충돌하게 되면서 자기주장은 점점 더 강해진다. 자녀에 따라서는 엄마가 말하는 내용에 대한 반항과 딴청을 피우는 사례가 발생하기도 한다.

모든 아이가 다 그런 것은 아니지만, 영재라고 생각했던 아이는 점점 더 엄마에게 실망감을 안겨주게 된다. 성장에 따라 점점 더 강해지는 아이의 성격형성과 고집, 자율성의 신장은 엄마에게 두려움과 동시에 해결하지 못할 정도로 아이가 대책 없이 변해버렸다는 생각이 들게 한다. 그럴 때 엄마는 자칫 손을 놓거나 자신의 생각과 성격에 따라 강압적으로 아이를 억제하게 되는데, 이러한 경험을 하면서 엄마들은 속을 많이 태운다. 그렇지만 해결방안이 전혀 없는 것은 아니다. 엄마와 아이의 생각이 충돌하여 발생하는 현상이므로 합일점을 찾으면 된다.

만약 아이의 행동이 크게 잘못되었다고 생각될 때에는 다른 데에서 방법을 찾아야 한다. 아직 아이의 머리는 순수하니까 순수한 교육방법을 사용하면 좋다. 무엇이 잘못되었는지 가르쳐 주고 이해시키며 칭찬도 해주고 격려도 해준다. 이때 사용하는 칭찬과 격려는 아이의 많은 반응을 묶어서 한번에 하는 것보다 작은 반응 하나하나에 대하여 보상을 해주는 것이 좋다. 만일에 이러한 조치가 먹혀들지 않을 때에는 다른 방법을 취하여야 한다. 힘으로 떼를 쓰고 앙탈을 부릴 때에는 그에 적절한 방법을 찾아서 아이로 하여금 포기하게 하여야 한다. 규칙을 만들어 활용하든가, 다른 체험을 시키는 등의 여러 가지 상황에 맞는 대책을 활용하면 좋다. 모든 아이의 인성이 엄마와 반대되는 방향으로 발달하는 것은 아니다. 엄마의 말에 잘 순응하고 화합하는 천성을 가진 아이도 있다.

영재성의 필수조건은 지능과 창의성, 과제집착력이다

세계적인 영재교육학자 렌쥴리Joseph S. Renzulli 교수는 영재아의 특성으로 세 가지를 꼽았다. 타고난 지능, 창의성, 과제를 해결하고자 하는 강한 집착력이 그것이다. 지능은 대부분 선천적으로 타고나지만, 창의성이라든가 과제 집착력은 후천적으로도 훈련을 통해 신장할 수 있다고 보고 있다. '영재'라는 말에 개의치 않고 누구든지 단계를 밟아 창의성과 과제 집착력을 신장시켜 준다면 지적 능력도 동시에 발달하여 영재 못지않은 아이로 자라날 것이다.

영재교육은 영재성의 3요소인 지능, 창의성, 과제집착력의 특성을 가진 학생들에게 교육활동을 통해서 각각의 요소들을 발현시켜주고자 하는 데 목적이 있다. 영재교육을 이수한 학생들은 자신이 가지고 있는 지적 능력과 과제 집착력을 바탕으로 궁극적 목적인 창의성 신장에 더욱 노력하여야 한다. 자신의 자아실현은 결국 지능이나 과제집착력보다는 창의성의 극대화에 달려있다.

사람의 능력은 대부분 타고나지만, 타고난 능력이라 하더라도 후천적으로 계발시켜 주지 않으면 사장될 우려가 있으며, 특정영역에 영재성이 없는데도 억지로 영재를 만들려고 애를 쓰면 오히려 역효과를 초래할 염려가 있다고 전문가들은 말한다.

획일적·의도적인 교육은 영재의 창의성을 저해한다

영재교육 전문가들은 영재성을 키우는 데 유전적 요인과 환경적 요인 모두가 중요하다고 설명한다. 유전적으로 뛰어난 영재성을 타고났어도 후천적으로 창의적 사고를 할 수 있는 환경이 갖추어지지 않으면 영재성은 발현되기 어렵다는 것이다. 그래서 영재교육을 하는 학교 선생님들은 틀에 박힌 획일적인 교육과 지나치게 의도적인 교육을 경계한다.

획일적 교육이란 학생들의 성장환경이나 개성, 능력을 무시하고, 붕어빵과 같이 천편일률적인 틀에 학생들을 묶어 놓고 육성하는 교육을 말한다. 획일적 교육은 교육의 목표나 교육내용, 교육방법 등이 거의 일정하여 학생들의 창의성을 신장시키는 데 어려움이 있다. 의도적 교육도 마찬가지다. 물론 교육은 기본적으로 전인성, 가치지향성, 의도성, 민주성 등을 가지고 있다. 그러나 지나치게 의도적인 교육은 학생들의 개성과 특기, 소질계발을 억제하고 창의성의 소실을 초래한다. 따라서 의도적인 면은 교육정책 수립과 같은 큰 틀에서는 가능해도 직접적으로 학생이 느낄 수 있는 작은 틀에서는 의도성을 배제해야 한다.

영재에게 제공되는 교육과정은 지식과 기능중심이 아니라, 사고력과 창의적 문제 해결력을 신장시키고, 바른 인성과 봉사적 리더십을 길러줄 수 있어야 한다. 지식이 없는 영재는 한 사람의 소멸되는 영재로 존재하지만, 인성이 잘못된 영재는 성장 후 인류에게 해악을 주는 존재가 될 수 있다.

영재교육에서는 도덕적 가치교육이 대단히 중요하며, 이기적인 한 개인의 영재를 육성하기보다는 협동하고 봉사할 줄 아는 인성을 함양시키는 영재교육을 통해 시너지효과를 기대해야 한다.

영재에게 필요한 바른 인성함양

필자가 근무했던 과학고는 교과 활동 면에서는 뛰어난 성적을 보이는 학생이 많았다. 특히 수학·과학 분야에서는 모두가 영재라고 말할 정도로 탁월한 능력을 발휘하였다. 그러나 사람이 살아가는 데 필요한 바른 인간관계 형성, 미풍양속인 전통관습을 지키는 일, 공동체 사회의 발전과 안정적 유지에 필요한 규범과 질서를 지키는 일, 자신이 탐구하고 연구하는 활동에 대한 가치를 부여하는 일 등에서는 해악적 가치관을 가지고 있는 학생이 간혹 있었다. 그렇다면 기존의 영재관에 어떤 가치를 부여하여야 할까? 많은 학생들과 같이 생활해보면 그 답을 찾을 수가 있다.

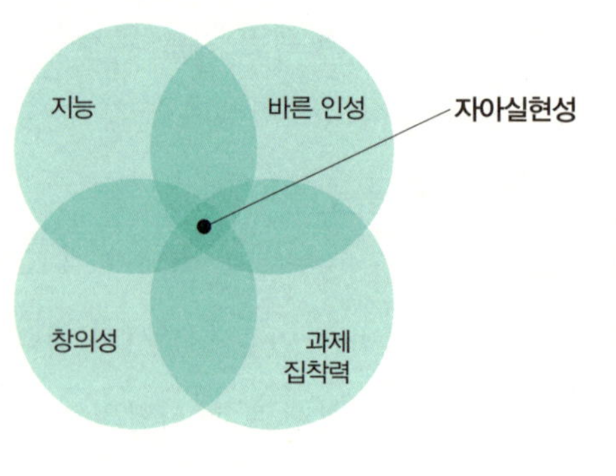

네 개의 고리 개념

렌줄리 Joseph S. Renzulli 교수가 말한 지능과 창의성, 과제 집착력은 변화와 혁신, 창조성, 영재성에 중점을 둔 가치라면 여기에 인간적 가치인 인성humanity의 개념이 융합될 때 한 인간으로서의 가치가 성공적 모델로 승화될 수 있다.

지능과 창의성, 과제집착력에 바른 인간성, 즉 인성humanity의 가치가 접목될 때 교집합의 영역인 '자아실현성'이 바르게 형성되고,

출세가 아닌 인간의 궁극적 성공을 보장하게 된다. 이것이 성공을 보장하는 '네 개 고리의 비밀'이다.

　인성의 가치가 중요하다고 보는 대표적인 사례가 있다. 미국의 하버드대학 출신의 영재인 테오도르 카진스키Teodore Kaczinsky가 일으킨 소위 '유나바머Unabomber사건'이다. 카진스키는 1978년 5월부터 1995년까지 무려 18년간 폭탄을 제조한 후 그것을 우편물로 보내 3명의 사망자와 23명의 부상자를 내었다. 이 사건으로 인해 당시 미국 전역은 공포에 휩싸였었다. 그 후 범인을 잡고 보니 범인은 명문 하버드대학 출신이자 버클리대학 교수인 카진스키였다. 그는 17세에 하버드를 입학하여 3년 만에 졸업하고, 미시간대학에서 박사학위를 받아 27세에 버클리대의 수학과 교수가 된 영재였다. 인간성이 없는 영재가 얼마나 위험한 것인가를 알려주는 큰 사건이었다.

　이 사건으로 우리는 인간이 살아가는 사회는 창의적 사회가 목적이 아니라, 인간 모두가 공존하면서 행복한 삶을 추구하는 데 가치가 있기 때문에 지능과 창의성, 과제집착력 못지않게 '인성humanity'의 중요함을 새삼 느끼게 해준다.

영재성의 발현은 성장환경이 좌우한다

우리나라는 2000년에 의원입법으로 영재교육진흥법이 제정된 이후에 본격적으로 한국교육개발원을 중심으로 영재교육이 추진되었다.

2001년부터 교육부는 한국교육개발원의 도움을 받아 전국의 학교에서 영재교육을 담당할 교사에 대한 연수를 시작하였고, 이미 개설하여 운영하고 있던 대학부설 영재교육원을 시작으로 시·도교육청에서도 영재학급과 영재교육원 설치를 서둘렀다. 현장에서 교육하는 사람들도 처음에는 '영재'라는 개념을 잘 모르고 이런저런 말을 많이 하였다.

"천재가 그렇게 많으냐?"

"영재가 아닌 교사가 어떻게 영재교육을 담당하느냐?"

"평준화 교육체제에서 왜 영재교육을 하는 것이냐?"

"국가에서 많은 예산을 들여 특정학생을 선발하여 교육하는 것은 잘못된 것 아니냐?" 등등. 하지만 각 시·도교육청에서는 많은 노력을 기울여 2003년부터 본격적으로 초등학교 5학년이 되는 학생부터 영재를 선발하여 교육을 시행하였다. 학부모에게는 초미의 관심사였다. 자녀가 영재교육을 받게 되면 부모가 영재라도 되는 듯 우쭐하였고, 주위 사람들로부터 부러움을 샀다. 영재판별과정을 거쳐 교육을 받는 학생들을 보면 "도대체 부모가 어떤 부모이기에 영재를 낳을 수 있는 것인가?"라고 궁금해하는 사람도 많았다. 그러다가 외모가 정리되지 않은 아이의 부모를 보면 "저 엄마가 영재를 낳은 거야?"라고 비아냥거리는 사람도 있었다.

영재라는 존재에 사람들의 관심이 집중되고, 그 부모에게까지 영향을 주는 영재란 무엇일까? 대체 누구를 말하는 것이며 어떠한 특성이 있는 것일까? 영재가 가지는 특성인 영재성의 실체부터 알아보도록 하자.

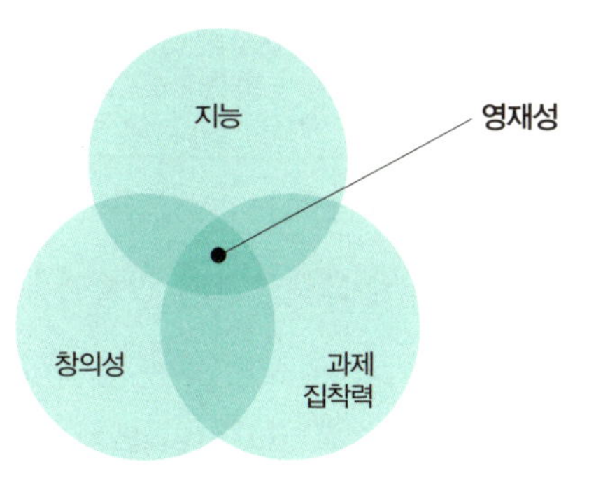

렌쥴리(Renzulli)의 세 고리 개념

죠셉 렌쥴리Joseph S. Renzulli박사는 영재성은 평균이상의 지적 능력(지능)과 창의성, 높은 과제 집착력이 상호작용에 의해서 나타나는 특성이라고 말하고 있다. 이를 '세 고리 개념'이라고 말한다. 따라서 영재성이 크려면 세 가지 특성이 모두 커야 한다. 그래야 교집합에 해당하는 특성인 영재성이 커질 수 있기 때문이다. 어느 한 가지만 크고 나머지가 작으면 영재성은 커질 수 없다.

선천적으로 타고난 영재성을 키워라

학자들은 영재성은 선천적으로 타고난다고 말을 한다. 그러나 '세 고리 개념'에서 보았듯이 영재성을 결정짓는 두 가지 요소인 창의성이나 과제 집착력은 후천적으로 교육을 통해서도 많이 길러진다. 이 부분은 영재판별이나 선천적으로 영재성이 많지 않은 학생들에게 상당히 고무적이고 도전적인 요소이기도 해서 영재성 판별에 영향을 미치고 있다.

영재교육 대상자를 선발할 때, 나이가 어린 대상자는 선천적 영향력이 강한 지적 능력을 중심으로 지능검사 등을 실시한다. 그러나 나이가 많은 중학교 고학년이나 고등학생 같은 경우에는 후천적으로 교육을 통해 많은 변화를 가져오는 창의성이나 과제 집착력에서 우수한 정도를 고려하여 선발한다. 이를 검증할 수 있는 도구로는 학업성적, 교사의 오랫동안의 관찰기록장, 교과 문화 활동 면에서의 각종 경시대회 수상 경력, 탐구활동에서의 입상 경력 등 다양한 분야에서 성장 잠재력을 확인할 수 있는 증거 자료를 통하여 선발할 수 있다.

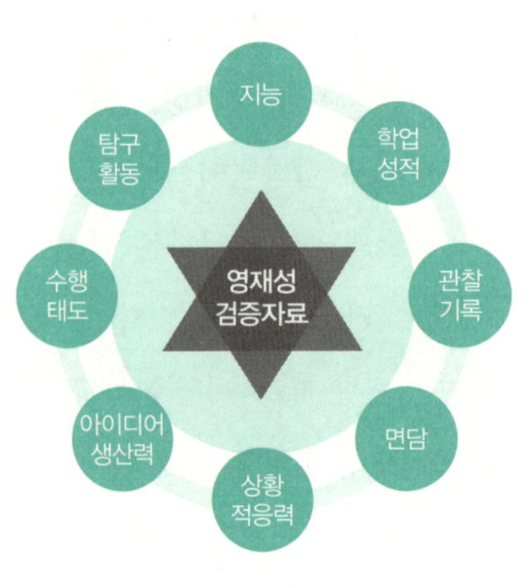

보편적인 영재성 검증 자료

영재판별에서 반드시 정해 두어야 할 기본원칙으로는 세 가지가 있다.

첫째, 영재교육활동과 관련지어 판별영역, 판별절차, 판별도구,

판별방법 등을 고려하여야 한다. 또한 특정영역에서 선발된 학생은 영재성이 있고, 선발되지 않은 학생은 영재성이 없다는 인식을 갖지 않도록 사전에 주지시킬 필요가 있다. 특정영역의 판별도구에서 선발되지 않은 학생은 다른 영역에 영재성이 있을 것이라는 가능성을 심어 주어야 한다.

둘째, 판별도구는 사고력이나 문제 해결력을 평가하기 위한 문제형태도 중요하지만, 학생의 성장배경이나 그간의 관련 활동내용 등을 확인할 수 있는 다양한 자료가 필요하다.

셋째, 영재성을 판별하는 도구의 제작이나 내용범위는 추후에 이루어질 영재교육 프로그램의 학습 목표나 교육목표와 관련성이 있어야 한다.

영재판별의 절차는 '일회 광역적 판별'과 '다단계 심층적 판별'이 있다.

일회 광역적 판별은 대상학생 전체에게 배점을 달리한 단순 판별도구부터 심층 판별도구까지 한 번에 검사를 한 후, 종합점수를 산출하여 교육 대상 학생을 선발하는 방법이다. 판별기간이 짧아서 시일이 많지 않을 때나 지원자가 많지 않을 때 사용하면 효과적이다.

다단계 심층적 판별은 지원자가 많을 때나 일정한 기간을 두고 교육 대상을 선발할 때 사용할 수 있는 방법이다. 이는 단순 판별도구부터 시작하여 심층 판별도구에 이르기까지 3단계나 4단계를 거쳐 대상자 수를 줄여가면서 정원수만큼을 뽑는다. 보편적으로 1단계는 추천단계, 2단계는 지필 문제 해결력 평가, 3단계 캠프를 통한 관찰평가, 4단계 전문가 구술면접평가 등을 실시한다. 이때 단계를 거칠수록 대상인원수를 줄여 최종평가에서 정원의 100%를 선발한다.

지속적인 피동적 학습활동은 피동적 인간형을 만든다

대부분 학생들의 학습활동은 피동적으로 이루어지는 경우가 많다. 아침에 등교한 후부터는 학교의 계획에 의해서 교과 활동이 이루어지고, 하교한 후에는 많은 학생들에게 학원 계획에 의한 활동이 이루어지고 있다. 학원교육을 마친 저녁 늦은 시간부터는 부모님에 의한 교육활동으로 일과를 마치게 되니 학생 본인의 계획에 의한 활동은 거의 없는 실정이다. '자기 주도적 학습능력 신장'이 거의 불가능한 상황이다. 이렇게 자란 청소년은 추후 대학에 입학해서도 자기 스스로 활동 계획을 하나도 수립하지 못하고 대학생활을 마치게 되며, 아무리 두뇌가 우수하여도 피동적인 생활습관에 의해 자기 인생계획을 스스로 수립하지 못할 뿐만 아니라, 기업체에 취업해도 역시 피동적인 생활만을 하다가 중간에 그만두게 되는 경우가 허다하다.

어렸을 때부터 자기 스스로 학습계획을 수립하고 실천하며 작은 성공을 했을 때의 보람과 성취감을 느끼면서 자라도록 지도해

야 한다. 그렇게 자란 학생은 어른이 되어서도 스스로 일을 찾아
서 하며 도전적이고 창의적으로 업무를 추진하게 된다.

'도덕성 함양'은 평재平才보다도 영재에게 더욱 중요한 덕목이
다. 평재의 잘못된 도덕성은 파급효과가 그렇게 크지 않지만, 영
재성이 큰 사람의 잘못된 도덕성은 하나의 사회나 국가, 인류에게
엄청난 재앙이 될 수 있기 때문이다. 그래서 요즘에는 개인의 영
재성 신장보다는 협동적 연구 활동을 통한 시너지 효과를 기대하
는 영재교육을 강조하고 있다. 영재교육에서 '창의적 문제 해결력'
을 강조하는 이유는 궁극적으로 인류의 행복과 지구환경 문제를
해결해야 하기 때문이다.

인간을 끊임없이 괴롭히는 각종 질병, 환경 파괴로 인한 이상난
동과 이상저온현상, 인간과 더불어 공존해야 할 수많은 식물과 동
물의 폐해현상 등 해결해야 할 난제가 많다. 이러한 문제점해결은
고차적인 사고력과 창의적 문제 해결력만이 답을 낼 수가 있다.

인간은 모두 각기 다른 재능과 잠재력을 가지고 태어난다. 하지
만 그 재능을 찾아내기는 참으로 어렵다. 본인도 알기 어려운 경
우가 많다. 타고난 그 재능이 때로는 해당 분야의 영재성을 띠는
경우가 많다. 개인이 가지는 영재성은 본인도 노력해야겠지만 주
변 사람들의 세심한 관찰과 보살핌에 의해서 발견이 되기도 한다.
발견된 영재성과 성장 잠재력은 영재교육과정과 프로그램 투입을

통해서 발현시켜 주어야 한다. 그렇게 되어야 국가와 사회 발전에 도움이 되고 공익적 효과가 증대되며, 개인에게는 자아실현을 통한 행복이 만들어지게 된다.

뇌의 발육과 활용

조물주가 만든 걸작은 '사람의 뇌'이고, 인간이 만든 걸작은 아마 '컴퓨터'일 것이다. 사람의 뇌는 구조적으로 어떤 특징을 가지고 있을까?

오래전에 전 서울대 의대 최길수 교수가 〈조선일보〉에 기고한 글을 보았다. 그 글에는 새 생명이 수정되면서부터 뇌가 발육하기 시작하고 출산하여 성장하는 과정까지 뇌의 변화를 상세하게 설명하고 있었다. 뇌는 단백질과 신경세포로 구성되어 있는데 이러한 성분은 어머니의 뱃속에 있을 때는 탯줄을 통해서, 출생 후에는 본인의 영양섭취를 통해서 보충되는 영양소들이다. 그러니 영양실조는 뇌의 발달에 유해할 수밖에 없다. 고른 영양섭취와 충분한 영양 공급은 뇌의 발육에 대단히 중요한 요소로 작용한다.

뇌의 하드웨어적 조건에 사랑과 애정을 통한 시각적, 청각적, 촉각적 교육을 통한 소프트웨어적 자극은 뇌가 수행해야 할 지성적 행동과 감성적 표현에 꼭 필요한 요소들이다.

최 교수는 "천재는 유전적으로 만들어지는 것이 아니라 후천적으로 환경에 의해서 만들어진다."고 말했다. 특히 부모의 사랑과 애정을 많이 받을수록 두뇌가 우수하다고 설명했다. 그래서 그런지 우수과학자의 70%가 장남이라고 한다.

뇌는 좌뇌와 우뇌로 나뉘며, 각각 맡고 있는 기능이 다르다. 좌뇌는 주로 사물의 현상적 판단과 개념에 의하여 사고하거나 객관적으로 인식하고 판단하는 지성적 능력이고, 우뇌는 자극에 대하여 느낌이 만들어지는 능력을 말한다. 즉 시각적, 청각적, 촉각적으로 주어지는 자극에 대한 느낌이 없거나 작을 때는 감성이 부족한 것이고, 자극에 대한 느낌의 정도가 클 경우에는 감성이 좋은 것이다.

전문가들은 "우리는 평소 일상생활에서 뇌가 가진 능력의 1%도 활용하지 못한다."고 말한다. 뇌의 능력을 많이 활용할수록 두뇌가 명석한 사람이 된다는 의미다.

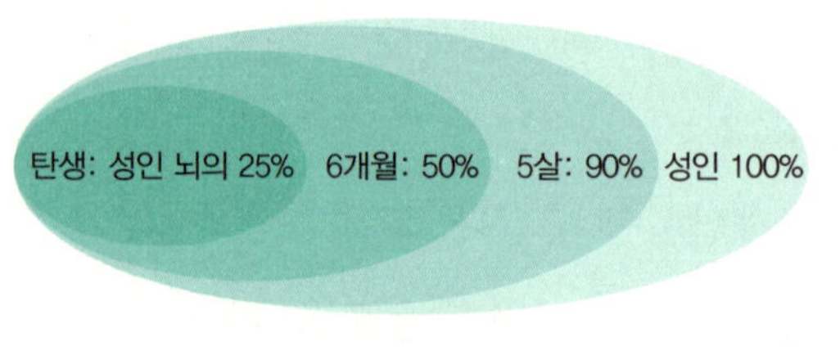

뇌의 발육

뇌의 발육은 유전적 요소와 환경적 요소의 조화로운 균형에 의해서 발달된다. 유전적으로 우수한 인자를 가지고 태어났어도 후천적으로 성장환경이 좋지 못하면 바람직한 발육을 할 수 없다. 만일 사람의 뇌가 해내는 기능을 컴퓨터로 만든다면 아마도 현재보다 더욱 큰 컴퓨터를 만들어야 할 것이다. 특히 우뇌가 수행하는 감성표현의 능력을 만드는 것에는 한계가 있지 않을까 생각된다.

최길수 교수는 "뇌는 출생 이전에 신경세포가 이미 정해지게 되며 출생 후에는 구조적인 성장만 이루어진다."고 하였다. 특히 "어머니 뱃속에서 8~13주일 때 급속도로 뇌가 성장하며 이때 임산부에게 영양을 충분히 공급해야 한다. 출생 전 10주부터 출생 후 2년간이 뇌의 본격적인 성장기이며, 출생 시 뇌의 무게는 성인 1,300g의 25%인 325g에 달한다. 또한, 매분 1mg씩 성장하고, 생후 6개월이 되면 성인 뇌의 50%까지 발육한다.”고 말하고 있다. 이렇게 급속도로 성장하여 5살이 되면 성인 뇌의 90%까지 자라게 된다는 것이다.

수정부터 출생까지의 과정을 보면 태아가 어머니 뱃속에 있을 때의 영양과 발육환경이 얼마나 중요한 것인가를 알 수 있다.

태아는 어머니의 심장박동소리를 들으면서 자라게 되는데 어머니의 심장박동소리가 달라지면 태아도 긴장하게 된다. 특히 어머니의 흡연, 음주, 나쁜 공기 호흡, 중금속 피해, 어머니의 정서적 불안과 피로 등은 태아의 발육과 성장에 몹시 나쁜 영향을 준다. 뇌의 성장에 필요한 단백질 중 아미노산의 일종인 타우린은 우유보다 모유 속에 2배 많다고 전문가들은 말한다.

임산부는 임신부터 출산 후 육아에 이르기까지 기본적인 지식을 반드시 알아야 함은 물론, 임산부와 같이 생활하는 가족들도 임산부의 정신건강과 육체적 건강, 영양공급까지 관심을 가져야 한다.

출생 후 아기는 성장하게 되고 한 사람의 개성 있는 인간으로 세상을 살아가면서 뇌를 많이 사용하게 된다. 좌뇌는 과학적 사고력과 서구적 사고, 논리적 사고, 수학적 추리기능 등 이지적理智的

기능을 주로 맡으며, 우뇌는 예술적 감각과 동양적 사고, 심미적審
美的 기능을 맡아 활동한다고 한다.

적당한 운동은 뇌의 기능향상에 필수

컴퓨터 앞에서 일을 하거나 공부할 때, 또는 독서를 할 때와 같
이 장시간 의자에 앉아 있을 때 의자를 뒤로 젖히고 목과 팔다리
를 흔들고 운동을 조금 해본다. 머리가 개운해지고 눈동자가 살아
나며 다시 힘이 생기고 활력이 얻어짐을 느끼게 될 것이다. 의자
에 앉아 손에 깍지를 껴서 위로 손을 올리고 뒤로 젖히기만 해도
머리가 개운해짐을 알 수 있다. 적당한 운동은 뇌 기능을 강화시
킨다. 이에 관한 연구도 세계 곳곳에서 이루어지고 있다.

미국 하버드의대 임상정신과 존 레이티Ratey교수는 〈조선일보〉
와의 인터뷰에서 "적당한 운동이 뇌를 활성화하고 학습능력을 향
상시키며, 학교폭력과 우울증, 게임중독, 각종 정신질환을 감소시
킨다."고 말했다. 또한 강도 높은 유산소운동은 심폐기능을 향상
시키며 학생들의 지능향상에도 도움을 준다고 설명했다.

사람의 뇌는 자정기능도 가지고 있다. 시간의 흐름과 편안한 수
면은 불필요한 정보를 삭제해 주며, 머리를 아프게 했던 일들을
잊게 해주고, 헝클어진 판단력의 실마리를 만들어주는 기능도 가
지고 있다.

뇌는 목표를 가지고 있을 때 더욱 긴장하게 되고 긴장을 하면서
기억력을 더욱 활성화시킨다고 한다. 뇌의 이러한 기능으로 인해

연구하는 사람이나 공부하는 사람 등 뇌를 활용하는 사람의 경우에는 연구 목표나 학습 목표를 분명히 할 필요가 있다. 그래야 업무의 효율성이 높아지고 성과가 커지게 된다.

요새 청소년들 사이에서 쓰이는 신조어에 "멍 때린다."라는 말이 있다. 정신이 나간 것처럼 아무 생각과 반응이 없는 상태를 일컫는 말이다. 아무 생각이 없는 사람에게 어떤 지식을 전달하고 얼마의 시간이 지난 후 물어보면 그 사실을 기억하지 못한다. 그러나 이는 그 사람의 지능지수와는 아무런 관계가 없다. 이런 경험에 비추어 보면, 목표의식을 가지고 하는 일에 집중하는 것이 성과를 이루는 데 얼마나 중요한가를 알 수 있다.

지능지수는 성인이 되어서도 변화할 수 있을까?

누구에게나 관심을 끄는 의문점이다. 최근에 런던대학교UCL의 인지과학자 캐시 프라이스Cathy Price교수가 12세부터 20세까지의 청소년을 대상으로 연구한 자료를 보면 IQ가 110에서 130으로 올라간 사람도 있고, 104에서 84로 떨어진 사람도 있다. 20정도는 얼마든지 후천적으로 변화할 수 있음을 보여주고 있다. 또한 새로운 신경세포가 60세나 70세 나이에서도 새로 만들어질 수 있다는 것을 발견하였다. IQ는 성인이 되어서도 얼마든지 높아질 수 있다는 것을 증명한 셈이다. 그럼 IQ는 어떠한 조건에서 높아질 수 있을까? 〈중앙일보〉에서 조사한 자료를 보면 IQ를 변화시키는 다양한 조건이 있음을 알 수 있다.

독서와 토론으로 활성화되는 IQ

독서와 토론을 하면 사람의 뇌가 활성화된다고 한다. 프라이스 교수는 "사람이 독서를 하고 토론을 하게 되면, 뇌의 왼쪽 운동피질에서 회백질의 밀도와 신경세포 수가 크게 변화한다는 사실을 실험을 통해 발견했다."고 설명했다.

손을 움직일 때에는 소뇌 전엽에서 회백질의 밀도가 움직임에 비례하여 달라지는 것도 발견하였다. 이와 같은 현상은 운동기능과 인지기능이 별개가 아니라 서로 밀접한 관련이 있다는 것을 증명해 주는 결과라고 전문가들은 말한다.

단기 기억훈련과 과제집중력이 IQ를 높인다

미국의 미시간대 연구팀은 학령아동을 대상으로 연구한 결과, 어린이들이 퍼즐이나 작은 모형을 가지고 놀이를 하는 것이 지능개발에 많은 도움이 되고 있음을 밝혀냈다.

오스트리아 태생의 미국 신경생물학자인 캔들Eric R. Kandel은 집중력attention을 높이는 훈련이 IQ를 높인다고도 말하였다. UCL의 프라이스Cathy Price 교수는 집중력과 유사한 개념인 열정passion에 대한 언급에서 "읽고, 보고, 듣는데 열정을 쏟으면 기억력을 높인다."고 했다.

지능은 상황에 따라서 달라짐을 알 수 있는데 멍한 상태로 인지하는 것은 기억되지도 않을 뿐만 아니라, 단기적으로는 기억되었다 하더라도 지속성을 유지할 수는 없다. 정신을 집중하고 내용이나 대상에 몰두할 때 기억력이나 창의력이 신장되어 IQ도 높아진다는 것이다.

적당한 낮잠과 유산소 운동은 뇌 기능 활성화에 좋다

미국 캘리포니아대의 심리학 교수인 매튜 워커Matthew Walker가 이끄는 연구팀은 하루에 30분 이상씩 적당한 운동을 하면 신경세포에 영양을 공급하는 신경영양인자의 생성이 촉진되어 학습활동이 원활해질 수 있다고 말했다. 또한, 낮잠을 적당히 취한 학생이 낮잠을 자지 않은 학생보다 더 많은 것을 기억했다는 사실도 발견하였다.

뇌는 적당한 유산소운동을 통해 혈류를 강화시키고 신경을 활성화한다. 그래서 적당한 수면은 기억된 것의 중요도를 판단하여 스스로 자정작용을 하게 되며, 망각의 기능을 가지고 있어서 기억된 것을 정리해 준다.

외국어학습이 인지능력을 강화한다

요크대학의 인지과학자인 앨런 비알리스톡Ellen Bialystok 교수는 연구를 통해 "두 가지 언어에 유창한 사람의 뇌가 한 가지 언어만을 사용하는 사람보다 피질 회로가 활성화되어 전전두피질의 기능을 강화시키고, 강화된 피질은 문제 해결이나 집중력 같은 IQ가 할 수 있는 능력을 높인다."고 발표했다.

타고난 IQ가 성공을 보장하지는 않는다

대부분의 사람들은 손재주나 발재주보다 머리가 가지는 재주, 즉 지능지수가 높았으면 한다. 공부할 때 잘 암기되지 않고 내용이 이해되지 않으면, 머리 탓을 하고 부모님을 원망하거나 조상을 탓하기도 한다. 그러나 정작 IQ가 높았으면 하고 간절히 소망했던 때는 학교 다닐 때뿐이다. 막상 학교를 졸업하고 나면 IQ보다는 행운을 더 기대하게 되고, 판단력과 결단력, 그리고 기술력과 부지런함을 더 필요로 한다.

학교 다닐 때는 국어, 수학, 영어가 필수 교과이고 사회와 과학이 선택과목이다. 하지만 학교를 졸업하고 세월이 지나면 필수과목은 체육(운동)이 되고, 음악과 미술 등의 취미활동은 선택이 되는 것처럼 말이다.

보통 사람들이 생각할 때는 공부를 잘하기 위해서는 IQ가 가장 큰 영향을 준다고 생각한다. IQ가 높으면 공부를 잘하게 되고 공부를 잘하면 좋은 대학에 진학할 수 있고, 좋은 대학은 바로 좋은 직장으로 연결되기 때문이다. 실상은 학교에서 성적순이 IQ 순은 아니다. IQ가 90인 학생이 500명 중에 10등 정도 하는 경우도 있고, IQ가 140이 넘는 학생임에도 불구하고 학급에서 중간 정도밖에 못하는 경우도 많다.

현재 지방 국립대에 재학 중인 IQ가 148인 박 모(20) 군의 경우도 고등학교 때 내신은 4등급 수준이었다. 수업시간에는 선생님들의 설명에 흥미를 못 느끼고 엎드려 있거나 다른 생각을 하기가 일쑤였다. IQ가 148인 학생은 집단에서 1% 안에 들어가는 수준이다. 현재 고등학교에서 성적이 4% 안에 들어갈 때 1등급을 부여받는다. 4등급은 23% 초과 40% 이하일 때 받을 수 있는 등급이다. IQ는 1% 안에 들어가는데 성적은 겨우 40% 안에 들어가는 결과이니, IQ와 성적이 비례하는 것은 아니다.

말콤 글래드웰Malcolm Gladwell은 그의 저서 『아웃라이어』에서 IQ 근본주의자인 아서 젠슨Arthur Jensen의 말을 다음과 같이 인용하고 있다. 'IQ가 115를 넘어서면 지능지수는 성공의 척도나 성취의 판단요소로써 그다지 중요하지 않다. 그렇다고 115와 150 사이에 아무런 차이가 없다는 뜻은 아니다. 일반적으로 상위레벨의 IQ 차이는 성격이나 인성 같은 요소보다 훨씬 덜 중요한 역할을 수행한다는 의미이다.'

하나의 집단을 분석해 보면 차이는 더욱 확연하게 드러난다. 성적이 지능지수인 IQ와 비례하지는 않고, IQ보다는 학생이 가지고 있는 학습활동과 관련이 있는 인성 즉, 학습에 대한 동기와 열정, 건강과 집중적인 노력, 학교환경이나 가정환경에 대한 적응력 등이 더 크게 작용하기 때문이다.

단지 IQ는 학생의 타고난 잠재적 능력을 가늠해 보는 수단일 뿐, 높은 학업성취도나 성공적 인생을 보장하지는 않는다. 특히 초등학생이나 중학생 중 IQ가 높은 일부 학생의 경우에는 자신의 능력만을 믿고 공부를 하지 않는 경우가 발생하고 있으며, 인생의 성공이 선천적으로 타고난 재능에 있는 것이 아니라 후천적으로 자신의 노력에 있는 것임을 잊는 경우가 있다. 이와 같은 이유로 인해 요즈음에는 학교에서 지능검사를 하지 않고 있다. 학생들의 도전적이고 적극적인 생활에 장애요인으로 작용하기 때문이다.

한 가지에 오랫동안 집중하는 학생이 성공한다

"순간의 욕구를 참아낸 아이들이 성공한다."라는 말이 있다. 미국 스탠퍼드 대학의 월터 미셸Walter Mischel 박사의 흥미로운 실험 결과가 〈조선일보〉에 실린 기사가 있었다. 내용은 대략 다음과 같다.

대학 심리학과부설 유아원에 있는 653명의 아이들을 데리고 실험하면서 얻은 결론을 조사하여 발표한 내용이다. 실험방법은 아이들에게 마시멜로와 쿠키, 프레즐을 보여주며 고르라고 한 후, 마시멜로를 고른 아이들에게 "지금부터 먹지 않고 15분을 잘 참으면 한 개를 더 주겠다."고 약속하고 그 결과를 지켜보았다. 아직 참을성이 덜 발달된 탓인지 먹지 않고 참은 아이들은 참가자의 30%에 지나지 않았다.

15년이 지난 후 이 아이들의 SAT(미국수능시험) 성적을 조사한 결과, 유아원에 다닐 당시 15분을 잘 참아낸 아이들의 성적이 SAT

평균성적보다 210점이나 높았다는 것이다. 이와 같은 현상을 '마시멜로 법칙'이라고 한다.

성공은 타고난 지능이 아닌 인성이 좌우한다

아래의 그래프는 학생들이 중학교에 입학하면 IQ(지능지수) 검사를 반드시 하던 때의 통계를 그래프로 만든 것이다. 그래프를 보면 학급 구성원의 전 과목 평균성적이 70.9점, 구성원의 평균 IQ는 103.1이다. 이는 평균성적과 평균 IQ를 중심으로 학생 분포가 완전 구형을 이루는 경우에는 성적과 IQ가 무관함을 보이게 된다고 볼 수 있다.

만일 그래프에서 학생들의 분포가 오른쪽 상단에서 왼쪽 하단으로 내려오는 대각선주위에 많이 분포하면 이는 성적과 IQ가 완전히 비례하는 상태를 나타낸다. 그러나 그래프는 상위집단과 하위집단 몇 명은 비례하지만 나머지 대부분의 학생은 구형을 이루고 있다. 이는 IQ와 성적이 큰 상관관계를 이루고 있지 않음을 입증해주는 증거다. 즉, 뇌를 사용하는 문제는 이미 타고난 IQ가 아니라 사람의 인성이 가장 크게 영향을 준다는 의미다.

인성의 구성요소에는 자긍심, 열정, 끈기, 집중력, 책임감, 자주성 등이 있다. 인성이 확실한 사람은 맘먹은 것을 해결해 낸다. IQ가 좋아도 뇌 활용에 영향을 주는 인성이 확실하지 않은 사람은 좋은 머리를 무용지물로 만들어 버리는 경우를 종종 본다. 흡사

성능이 좋은 컴퓨터를 가지고 있으면서 그 기능 중에 몇 가지만을 사용하는 사람과 같다. 컴퓨터가 가지고 있는 기능이 얼마나 많은 가? 그런데 실제로 활용하는 경우는 프로그램 몇 개만을 사용하고 노후화되면 폐기해 버린다. 컴퓨터가 가지고 있는 나머지 수백 가지의 기능은 한 번도 활용해보지 못한 채 그냥 버려 버린다. 컴 퓨터가 가지고 있는 기능을 활용하는 문제는 그 주인의 인성과 노 력에 달려 있다.

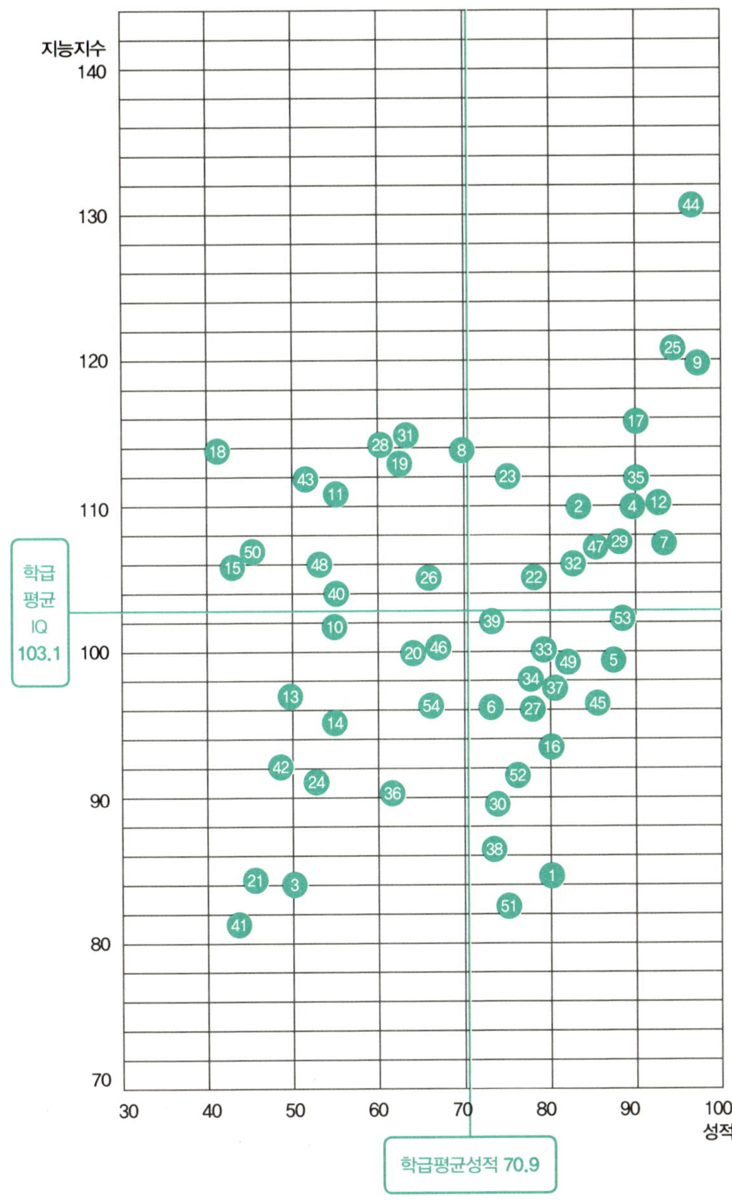

지능지수와 학업성적과의 상관관계

02

창의력의 창

탐의일신(探疑日新) 하라

얼마 전 〈연합뉴스〉에 관심이 가는 기사가 있어 읽어보았다. 영국의 런던에 있는 과학박물관에서 개관 100주년을 기념해 인류 역사상 가장 빛나는 발명품을 10가지 선정해 발표했다는 내용이었다.

1위는 단연 증기기관이었고, 2위는 X레이 기기, 3위는 전보, 4위는 DNA 이중나선구조, 5위는 스티븐슨의 증기기관차, 6위는 아폴로 10호 우주선, 7위는 T형 포드자동차, 8위는 초기의 컴퓨터인 파일럿ACE, 9위는 독일의 V2 로켓엔진, 마지막 10위는 페니실린이었다.

10개의 가장 위대한 과학발명품 중에는 교통수단처럼 동력을 얻을 수 있는 품목이 4개였고, 인류의 건강에 이바지한 품목이 3개였다. 그만큼 건강과 이동수단이 중요함을 의미한다고 볼 수 있다. 10가지의 품목을 정하게 된 이유에 대해 박물관 측은 "하나의 발명품이 제2, 제3의 개발로 이어진 기초·기본 품목을 주 대상으로 하여 정했다."고 설명했다. 여기서 한 가지 아쉬운 점은 동양에서 발명된 품목이 하나도 없다는 것이다. 종이라든가, 화약 등 동양에서 처음 발명된 품목도 많이 있는데 하나도 포함되지 않았다. 혹시 이러한 품목은 기초·기본품목이 아니어서일까? 아니면 영국에서 조사하여 발표하였기 때문일까? 가치를 어디에 두느냐에 따라 많이 달라질 것이라고 생각한다.

여기에는 한 가지 공통점도 있다. 이러한 선인들의 발명품이 인류의 삶의 질을 개선하고, 질병의 고통에서 벗어나게 하며, 생활의 편리를 크게 도모하였다는 것이다. 인간의 창의력에 의해 만들어진 발명품이 인류의 삶을 크게 바꿔 놓고 있다.

호기심은 창의력의 원동력

전 세계에는 여러 민족이 생활하지만, 그 많은 민족 중에서 유독 교육에 강한 민족을 열거해 보면, 이스라엘의 유대인과 핀란드인, 그리고 우리 대한민국 국민일 것이다.

미국의 오바마 대통령이 연설할 때, 우리 국민의 교육열을 우수 사례로 자주 말하는 것을 보면 틀림없는 사실인 것 같다. 그도 그럴 것이 이 작은 나라가 전후 60여년 만에 국민소득 2만 달러가

넘고 무역거래가 1조 달러에 이르며, 하계올림픽과 월드컵, 동계 올림픽을 유치했으며, G20 정상회의를 개최했으니 이 모든 것을 우리 국민이 해낸 것이다.

몇 년 전 탈무드의 저자인 마빈 토카이어 Marvin Tokayer가 방한하여 우리나라의 기자들과 만나 이야기를 나눈 내용이 〈중앙일보〉에 보도된 적이 있었다. 기사를 통해 본 이야기 중에는 몇 가지 음미해볼 가치가 있는 내용이 있었다.

이스라엘의 어머니들은 학교에서 돌아온 아이에게 "오늘 무슨 질문을 했니?"하고 묻는다고 한다. 우리나라의 어머니들은 보통 "오늘 선생님 말씀 잘 들었니?"라고 묻는다. 우리나라 부모님들과는 사뭇 다르다. 이스라엘에서 가장 훌륭한 학생은 학교에서 좋은 질문을 하는 학생이라고 한다. 좋은 질문을 하는 학생은 학급의 리더가 될 뿐만 아니라 선생님들로부터 칭찬을 많이 받기도 한다. 역대 노벨상수상자 중 30%가 넘는 사람이 유대인인 것을 보면 강의식 수업보다는 토론과 질문을 통한 수업이 학생들에게 더 유익한 것임은 분명하다.

현재 미국에 살면서 1962년부터 3년간 주한 미 공군에서 복무했다는 토카이어는 한국의 발전상을 보고 "한국이 이제는 잘 살게 되었고 정보통신기술이 발달했지만, 영혼을 잃고 있는 것은 아닌지, 조상이 물려준 훌륭한 정신적 유산을 소중히 생각하여야 한다."라고 말했다.

호기심이나 의문이 있는 사항을 질문한다는 것은 자신이 몰랐던 사실을 알게 되는 중요한 계기가 된다. 강의식수업에서는 알고 있는 사항이나 몰랐던 사항을 구분 없이 듣게 되지만, 질문에 대한 답변이나 토론식 수업에서는 대부분 몰랐던 사항을 중점적으로 알게 되는 장점이 있다. 이는 피교육자의 학문적 발전에 중요하게 작용할 뿐만 아니라 새로운 창의력을 발휘하는 데 동기가 된다. 그런 면에서 탐의일신探疑日新은 중요하다.

탐의일신에서 탐의정신探疑精神은 다소간의 차이는 있지만, 인간은 근본적으로 누구나 호기심을 가지고 있다. 또한 이 호기심을 해결하려고 노력하는 특성이 있다. 탐의정신은 호기심에서 발단하는 이과적理科的 의문점을 탐구활동을 통하여 해결하고자 하는 의지를 말한다. 학생 대부분은 강렬한 열정과 과제집착력으로 문제점을 해결하려는 근성이 있으며 교육활동을 통하여 이를 조장助長해 주는 노력이 필요하다. 따라서 객관적인 탐구를 통해 보편적 진리를 체득하고 완성하여 지성인으로 성장하는 것이 중요하다.

일신정신日新精神에서 '일신日新'은 중국 최초의 역사서인 '상서尚書'에 실린 글로 '대학大學'에도 기록되어 유명해진 말이다. 원문은 '구일신苟日新 일일신日日新 우일신又日新'인데, '진정으로 새로워지려면 하루하루를 새롭게 하고 또한 날로 새롭게 하라.'라는 뜻이다. '일신日新'이란 '날마다 새롭다'는 뜻으로 매일같이 새로워지자는 것이고 끊임없이 변화를 추구하자는 뜻이다. 이는 학습을 통

한 인격의 수양, 창의성의 변화, 창조적 활동 증대, 세상을 새롭게
공익적으로 변화시키는 등 탐의활동探疑活動을 통한 이공계 영재
의 인간적 기여활동을 의미한다. 이는 학습활동에 정진하는 청소
년의 바른 자세로 창조인으로 성장하는 데 중요한 덕목으로 작용
한다.

　탐의정신과 일신정신을 합한 탐의일신探疑日新은 '의문점이나 호
기심을 탐구하고 해결하여 날로 새롭게 변화시킨다'는 의미로 청
소년의 학습활동에 임하는 자세와 지향하는 방향을 가리켜 주고
있다.

학습활동의 시작 '독서'

독서는 모든 것을 해결해 주는 해결사일까? 인성, 학력, 특기·적성, 인간관계, 취미활동, 직업선택 등 사람이 세상을 살아가는 데 필요한 모든 능력의 발현을 독서활동은 해결해 줄 수 있을까?

이 같은 물음에 대부분의 사람들은 해결해 줄 수 있다고 믿고 있다. 문제는 실천이다. 독서활동은 그만큼 중요하며 사람이 세상을 살아가는 데 큰 영향을 미치고 있다. 독서와 관련한 명언이나 각국의 속담을 찾아보면 독서의 중요성을 새삼 느끼게 된다.

- 하루라고 책을 읽지 않으면 입안에 가시가 생긴다. (안중근 의사)
- 사흘 책을 안 읽으면 머리에 곰팡이가 슨다. (속담)
- 독서백편의자현讀書百遍義自見 (책을 백 번 읽으면 뜻이 절로 통한다.)
- 생각하지 않고 책을 읽는 것은 씹지 않고 밥 먹는 것과 같다.
- 숲을 보고 나무를 보라.
- 책 속에 길이 있다.
- 책에도 볼 책이 있고 안 볼 책이 있다.
- 책을 떠난 식자識者란 있을 수 없다.
- 책은 펴보지 않으면 나무 조각이나 다름없다. (영국속담)
- 책과 친구는 수가 적고 좋아야 한다. (스페인 속담)
- 책이 없는 궁전에 사는 것보다 책이 있는 마구간에 사는 것이 낫다. (영국 격언)

공부하는 습관은 독서하는 습관에서 나온다

며칠 전 〈조선일보〉에서 우리나라 학생들이 독서를 하지 않고 있다는 내용을 담은 기사를 보았다. 읽어보니 한 학기에 한 권의 양서도 읽지 않는 학생이 16%나 되었다. 기사 내용 중에는 세계 각국의 연간 한 권 이상 책을 읽은 사람의 응답비율이 소개되었다. 스웨덴 87%, 네덜란드 84%, 영국 82%, 독일 81%, 핀란드 79%, 미국 73%, 프랑스 71%, 한국 67%, 폴란드 64% 등이었다. 그렇다면 공부하는 학생들은 1년에 양서를 몇 권이나 읽어야 할까? 국어 선생님들은 대부분 한 달에 한 권 정도는 읽어야 한다고 말한다. 그렇다면 일 년에 최소 12권은 읽어야 한다는 뜻이다. 또한, 학생이라면 6편 정도는 독후감을 써보아야 하며, 독서 관련 대회 2개 이상은 참여해야 한다. 이를 종합한 '독서 12 · 6 · 2 운동'을 학생들에게 권하고 싶다.

학교 경영자는 이를 위해 수시로 독서를 독려하는 훈화를 하여야 하며 대회를 개최하여야 한다. 독서는 일종의 습관이기 때문에 많은 학생들에게 습관이 되도록 수시점검도 필요하다. 독서 관련 교내대회는 적어도 5월과 10월, 1년에 2회 이상은 개최하여야 한다. 이를 착실하게 실천한 학생은 연말에 독서왕으로 선발하여 표창한다.

책을 읽는 습관이 학교에서 공부하는 습관을 결정한다. 책은 이것저것 많이 읽는 것보다는 음미하며 정독하는 것이 좋다. 책을 읽고 나면 감명 깊게 읽은 책은 반드시 독후감을 써보는 것이 좋다. 그래야 내용도 오랫동안 기억되고 글 쓰는 요령도 함양되기 때문이다.

행동변화에 가장 큰 영향을 주는 '독서'

사람들은 독서활동이 사람을 변화시킬 수 있는 가장 중요한 요소 중의 하나라고 믿고 있다. 사람이 변화하는 계기는 통상 세 가지가 있다. 첫째는 좋은 사람을 만나서 그의 인격에 감화되었을 때이고, 둘째는 좋은 책을 만났을 때다. 셋째는 좋은 모임이나 좋은 교육에 참여했을 때다.

사람이 평생 살아가면서 변화할 수 있는 계기는 무수히 많다고 생각된다. 그러나 정작 변화할 수 있는 마음의 준비가 안 되어 변화되지 못하는 경우가 많다. 좋은 사람, 좋은 책, 좋은 교육이라는 것이 변화대상에 따라 가치기준이 다를 수 있고, 받아들이는 정도가 다를 것이기 때문에 어떤 사람이 좋은 사람이고, 어떤 책이 좋은 책이며, 어떠한 교육이 좋은 교육인지 말하기가 쉽지 않다. 분명한 것은 사람을 변화시키려면 그 사람에게 주는 느낌, 즉 감동이 있어야 한다. 감동받은 사람은 반드시 변화한다. 감동을 줄 수 있는 사람, 감동을 줄 수 있는 책, 감동을 줄 수 있는 교육이나 체험 등이 필요하다. 독서를 통한 감동은 생각을 바꿔주고, 생각은 행동을 바꿔주며, 행동은 습관을 바꿔주고, 습관은 인생을 바꿔준다.

독서의 좋은 점

- 생각의 폭을 넓게 해준다.
- 자기 주도적 학습 습관을 만들어 준다.
- 창의력과 사고력을 신장시켜준다.
- 다양한 정보를 습득할 수 있다.
- 도서의 종류에 따라 다양한 즐거움을 준다.
- 언어발달과 표현력을 증대시킨다.
- 간접경험을 통해 자신감과 지식의 양을 증대시킨다.
- 정서발달을 도와준다.
- 바람직한 인간상의 모델을 제시해 준다.
- 정신적으로나 신체적으로 치료적 가치를 제공해 준다.
- 온전하고 바른 성격형성에 도움을 준다.
- 이해력이 증진되어 지문과 물음의 요지를 정확하게 파악할 수 있다.

독서와 관련하여 우리나라에서 다독가로 알려진 국민대 김재준 교수가 〈동아일보〉와 인터뷰한 내용을 보면 독서가 학생들의 창의성 신장과 학습활동에 얼마만큼의 큰 영향을 주는가를 알 수 있다. 김재준 교수는 몇 가지 사례를 제시하고 있다.

국제화학올림피아드에서 금메달을 수상하도록 키운 학생의 어머니는 "어려서부터 다양한 책을 읽은 것이 생각의 폭을 넓게 하고 스스로 공부하는 힘을 키워 준 것 같다."고 말했다.

민족사관고등학교를 2년 만에 조기 졸업하고, 미국의 세계적 명문대학인 하버드대학과 프린스턴대학, 스탠포드대학을 동시에 합격하여 놀라움을 주었던 한 여학생의 어머니도 "어려서부터 책을 읽어주고 구연동화를 들려주었다."고 했다. 이 여학생은 민족사관고 재학 중에는 원서로 된 셰익스피어나 톨스토이, 헤밍웨이 등의 작품을 이해가 될 때까지 반복하여 읽었다고 한다.

김재준 교수는 독서를 하면 지식을 얻게 되고, 책에 쓰인 표현과 함께 생각의 흐름을 익히게 된다고 말한다. 또한 언어감각도 키우게 되어 결국에는 수학과 과학도 잘할 수 있다고 말한다. 미국이나 유럽에서 독서를 많이 하는 학생들은 한 학기에 30권~40권의 책을 읽는다고 한다.

나는 어느 날 학교 순찰 중에 도서실 앞의 게시판에 별로 중요하지 않은 홍보물이 붙어 있는 것을 보고 도서 담당선생님과 상의하였다.

"게시판에 붙어 있는 게시물이 별 의미가 없는 것 같은데요?"

"저도 그렇게 생각합니다."

"그런데 저게 왜 붙어있나요?"

"관변단체에서 학교에 보낸 포스터를 어느 선생님이 붙인 것 같습니다."

"학생들의 독서활동과 관련이 있는 내용을 붙이면 어떨까요?"

"예, 저도 그렇게 생각합니다."

상의 끝에 우리 학교 선생님들이 모두 훌륭한 분들이니까, 지금까지의 인생 중에서 가장 감명 깊게 읽었던 도서명을 조사하여 게시해 보는 것으로 결정했다. 며칠 후 조사 결과를 보자 절로 고개가 끄떡여졌다. 참으로 좋은 책을 마음속에 한 권씩 간직하고 있었다.

모든 도서 한 권 한 권이 한 사람의 성장과 가치관 정립, 인격형성에 큰 영향을 주었다고 생각하니 좋은 책이야말로 우리 인생살이에서 가장 소중한 것이 아닌가 느껴졌다.

올바른 판단력과 결단력의 배경은 '학력'

맹자가 한 말에 '영과이후진盈科而後進'이라는 고사성어가 있다. "물은 흐를 때 조금이라도 오목한 데가 있으면 그곳을 채우고 흘러간다."는 뜻이다. 이 말은 배움의 시기에 속성으로 빨리 결론이나 성과부터 얻으려 하지 말고, 처음부터 차근차근 절차를 밟아 기초·기본부터 닦아야 함을 비유한 말이다.

몇 년 전 미국의 로스앤젤레스를 방문했을 때의 이야기이다. 초등학교를 방문하여 어린이들의 학습 장면을 관찰하는 시간이 있었다. 학업능력이 조금 떨어지는 어린이들은 아침 8시 이전에 등교시켜 보충교육을 하였고, 10시 30분경에는 간식 시간으로 과자 5개 정도에 우유를 한 개씩 공급하였다. 그런데 한 가지 특이한 점은 어린이들이 볼펜이나 샤프펜슬을 사용하지 않고, 칼로 깎아야 사용할 수 있는 연필을 모두 사용하고 있었다는 것이다. 그 이유를 물어보니 학교에서는 어린이들의 생활 습관부터 하나하나 기초·기본 교육을 충실히 하기 위해서라고 했다. 비록 당장은 교육성과가 크게 없어도 기초부터 하나하나 교육해나가면 바른 습관이 몸에 젖어 나중에는 교육적 큰 성과를 거둘 수 있다고 믿고 있었다. 생활 습관에서부터 학습 습관에 이르기까지 어려서부터 충실히 교육하고 있음을 말해주는 사례다.

LA의 초등학교 창의성 신장 학습방법도 재미가 있었다. 그중에 하나를 소개하면 옛날부터 전해오는 동화의 줄거리를 선생님이 적당한 부분에서 끊어주면, 어린이들은 그다음부터 각 조별로 새롭게 창작하여 동화를 완성해보는 학습이었다. 조별로 토의하여 새롭게 만들어진 동화는 제출되어 선생님에 의해서 하나의 새로운 동화집으로 탄생되었다. 어린이들의 창의력 신장과 사고력 배양은 물론, 글 쓰는 요령 면에서도 성공적인 학습활동이었다.

매년 실시하는 방학이지만 나는 올해 방학에 좀 다른 생각을 가지고 있다. 기초학력이 부족한 학생들을 집중적으로 지도해 보아야겠다고 마음을 정한 것이다.

이전에도 기초학력이 부족한 학생들을 학기 중에도 지도를 해보았지만 시간의 제약으로 큰 실효를 거두지 못하였다. 그래서 이번 방학에는 다른 때와는 달리 방학이 시작되자마자 교육활동을 전개하여야 하겠다고 단단히 벼르고 있었다. 우선 동기부여를 하여야 하겠기에 동창회에 참석하였을 때의 사례를 들려주기로 했다.

인생은 성적순이 아니다

중학교 동창회 모임이 있는 날이다. 친구 몇 명과 함께 모임 장소로 향하였다. 한 시간 가량 운전하여 저수지가 한눈에 보이는 제법 경치 좋은 곳에 도착하였다. 친구들이 몇 명 도착하여 맛도 없는 담배를 연신 피워대면서 담소를 나누고 있었다.

"어이, 잘 지냈어?"

“오랜만이네.”

“어때 그동안 별일은 없구?”

“그럼, 여전하네.”

이런저런 이야기를 나누는 동안 한두 명씩 모여 한 30여 명이 모였다. 식당 테이블을 가운데 두고 서로 마주 앉아서 세상을 사는 이야기에 바쁘다. 그중 눈에 띄는 한 무리가 있었다. 얼굴 화색이 좋고 목에 살이 두툼하게 찐 친구들이 테이블 중앙에 앉아 너스레를 떨고 있었다. 공직자로 있던 친구들은 대부분 정년퇴직을 할 나이이지만 사업하는 사람들은 이 나이가 한창인 때다. 잘나가는 모양이다.

“야, 임마 오랜만이다. 요즈음 어떻게 지내니?”

“그냥, 밥은 먹고 살지.”

“너는 참 오랜만이다.”

앞에 앉은 친구에게 또 안부를 묻는다.

“그간 좀 바빠서 동창회에 참석하지 못했어.”

“너 얼굴 잊는 줄 알았다. 자주 다녀.”

앞에 앉아 있는 친구가 나에게 묻는다.

“저 녀석은 학교 다닐 때 공부를 잘하던 녀석이 아닌데. 그런데 잘 사는 모양이네.”

옆에 앉아 있는 친구가 거든다.

“쟤, 돈 좀 벌었다지.”

“그래?”

공부를 잘하였던 친구들은 대부분 교직에 있거나 공무원 아니면 전문직에 종사하고 있다. 경제적으로는 그리 넉넉한 생활은 하지 못하고 있다. 그러나 학교 다닐 때 공부는 아주 잘하지는 못했던 친구들은 지금 이 시간 동창회에서 전혀 다른 모습을 보여주고 있다.

현실에서는 학창시절에 기본학력만 갖추면 그다음 인생의 성공은 또 다른 기준에 의해서 결정되는 경우가 많다.

중학교를 졸업한 지 45년여의 세월이 흘러 이제는 모두가 노년의 길을 걷게 되는 나이가 되었으니 그동안 친구들의 모습도 참 많이 변하였음을 본다. 이제는 어린 시절의 아련한 추억을 간직한 채 풀린 눈동자로 옆 친구를 보며 술잔을 돌리고 있다. 그런데 가만히 보니 학창시절에 기초학력이 미달이었던 학생들의 모습은 매번 어디에도 보이지 않았었다. 옆에 앉아 있는 친구에게 동창의 소식을 물어보면 힘들게 세상을 살아가고 있다고 전해주었다.

그렇다! 학창시절의 기초학력이야말로 한 사람이 성장하여 세상을 살아가는 데 참으로 중요한 밑거름이 되는 것이다. 학창시절에 기초학력이 미달하면, 성인이 된 후에 직업 세계 탐색, 결혼 문제, 사회생활, 인간관계 형성, 생활 중에 발생하는 각종 문제의 해결 능력 등 다양한 분야에서 문제점이 드러나게 된다. 이러한 문제점의 노출은 한 사람의 사회 적응 능력을 약화시키고, 결국은 경제생활과 문화생활에 어려움을 겪게 한다.

　반면에 어느 정도의 기초학력을 보유한 학생들은 비록 학교생활에서는 어려움을 겪었지만, 성인이 된 후에는 훌륭하게 경제생활과 문화생활을 하고 있음을 보게 된다. 어느 정도의 학력이 있는 학생에게는 학창시절의 학력이 성인이 된 후에 성공적 사회생활을 보장해 주는 필수조건은 아님을 말해 준다. 세상을 살아가는 데는 학력 이외에도 판단력, 결단력, 추진력과 끈기, 친화력, 인간관계, 성실성과 행운, 도전적 실천력, 경제적 뒷받침 등 많은 요소 등이 더 크게 작용할 수 있기 때문이다. 이러한 결과를 생각해 보면, 학창시절에 기초학력만큼은 꼭 이수하게 하고 졸업시키는 것이 학생을 지도하는 교육자들의 책무요 사명임을 알게 한다. 하지만 오늘도 자신의 미래는 전혀 예측하지 못하고 장난치고, 스마트폰만 만지작거리고, 게임에만 빠져 살고, 공부하지 않으려고 온갖 구실을 대면서 선생님들을 괴롭히는 학생들이 밉기만 하다.

영재는 새로운 생각을 많이 한다

미국 영재학회장인 죠셉 렌쥴리 Joseph S. Renzulli 교수는 "지능, 창의성, 과제집착력의 특성 중 지능이 크면 '성취적 영재'가 되기 쉽고, 반대로 창의성과 과제집착력이 크면 '창의·생산적 영재'가 된다."고 말했다.

영재 학자들의 연구에 의하면 주로 수석 합격이나 수석 졸업자인 성취적 영재보다는 창의·생산적 영재가 국가와 사회, 인류에 공헌하고 이바지하는 비율이 높다고 한다. 주위를 둘러보아도 확실히 창의·생산적 영재가 새로운 아이디어를 내거나 발명활동이 활발함을 알 수 있다.

지금까지 인류가 낳은 천재나 영재 중에 가장 영향력 있는 사람은 누구일까? 이 문제는 많은 사람들이 궁금해하는 사항이다. 다행스럽게도 영국의 일간 텔레그래프 인터넷 판에 기록된 사항을 〈한국일보〉가 기사화한 것을 요약해 보았다. 내용은 노벨상 수상자 중에서 가장 영향력 있는 수상자 10명을 선정하여 발표한 것이다.

1위는 방사선 연구로 최초의 노벨상을 받기도 하였지만, 노벨상을 두 번이나 받은 퀴리 부인이었고, 2위는 미국의 흑인 인권운동가인 마틴 루터 킹 목사였다. 3위는 광전효과로 노벨상을 받고, 일반상대성이론을 발표한 알버트 아인슈타인이 차지했다. 4위는 DNA의 이중나선구조를 밝혀낸 프란시스 크리크와 제임스 왓슨,

모리스 윌킨스였다.

5위는 프랑스의 실존주의 철학자이자 작가인 장 폴 사르트르, 6위는 페니실린을 발견하여 1945년에 노벨 생리의학상을 받은 알렉산더 플레밍이었다. 7위는 X선에 의한 인공 돌연변이의 유발 요소를 찾아낸 하먼 멀러, 8위는 옛 소련의 반체제 소설가인 알렉산드르 솔제니친이었다. 9위는 세계 평화를 위해 일하는 단체인 국제적십자회ICRC, 마지막 10위는 통계를 분석하는 수단을 개선한 공로로 2003년에 노벨상을 받은 클라이브 그레인저였다.

이들은 자신의 재능을 발현시켜 인류에 공헌한 인사들이다. 물론 이외에도 다윈이나 멘델처럼 인류에 공헌한 사람은 많이 있다.

학자들은 후천적 성장환경을 더욱 중요하다고 생각한다

역사적으로 인류에 큰 업적을 남긴 사람들은 태어날 때부터 뛰어난 재능을 타고난 것이었을까? 아니면 후천적으로 교육이나 성장환경의 영향을 받아 재능을 보유하게 된 것일까?

지금까지의 수많은 교육학자들이 연구하고 논란을 거듭하였지만 명확한 한 가지의 결론으로 유도되지는 않았다. 뛰어난 재능을 보유한 사람에 따라서 조금씩 다른 결과를 가져왔기 때문이다. 이러한 이유로 학자들은 "뛰어난 재능은 일부 타고나지만, 환경에 의해서 계발되지 않으면 안 된다."고 결론을 맺고 있다. 유전되는 일부 뛰어난 재능과 후천적 성장환경의 상호작용과 역동적 작용에 의해서 재능은 발현된다고 볼 수 있다.

재능 발현 모델

 타고나는 유전적 요소는 성격과 지능지수, 특기와 소질, 신체적 건강 여부, 감성적 자질 등이 있다. 환경적 요소로는 태아 발육 환경, 부모의 자녀 관심도와 직업 종류, 교육 환경, 친구 관계, 독서 습관, 놀이 종류, 도시와 농촌 여부 등 다양한 변인을 열거할 수 있다.

 미국 하버드대 심리학과 교수인 가드너Howard Gardner는 다중지능이론에서 모든 사람은 한 가지 이상의 분야에서 타고난 능력이 있다고 보고 있다. 그 능력이 영재에 근접해 있든지 멀리 있든지 관계없이 자신의 특기와 소질을 찾아줄 수 있는 소중한 교육이 필요하다는 것이다.

 과학고에 다니는 학생들은 과연 모두 영재인가? 과학고 학생 170명에게 자신의 학습 특성을 물어보았다. 그 결과 '새로운 생각을 많이 한다'가 38.8%, '어려운 문제를 잘 푼다'가 29.9%, '과제 집착력이 강하다'는 14.9%, '반복 학습과 노력이다'는 16.4%이었다.

 과학고생의 설문조사에서 나타난 영재의 전형적인 특징인 '어려운 문제를 잘 푼다', '새로운 생각을 많이 한다', '과제 집착력이 강하다' 중에서 '새로운 생각을 많이 한다'에 가장 많은 반응을 보인 것은 영재의 특성 중 문제 해결력이나 과제집착력보다도 창의성이 가장 큰 특성임을 입증하는 것이다. 또한 과학고를 입학하게 된 가장 큰 동기가 '대학 진학이 수월해서'를 선택한 것은 실리를 추구하고 있음을 알 수 있다.

우등생과 모범생이 합쳐져야 진정한 인재

과학고에 다니는 학생들은 대체로 영재성이 강하고 수학, 과학을 좋아하는 특성이 있다. 지적인 면에서는 높은 수준의 수학과 과학지식을 가지고 있다.

영재의 공통점은 자신이 좋아하는 분야에서 남들보다 창의성을 많이 보이고 즐긴다는 데 있다. 창의성은 깊은 호기심과 도전정신, 관찰력, 상상력 등과 관련이 깊고 이는 바로 학습활동으로 이어진다. 과학고 학생들에게 '새로운 생각을 많이 한다'가 가장 높은 비율을 보인 것은 학생들이 많은 영재성을 가지고 있음을 입증하는 사례다. 그러나 과학고생이라고 해서 모두 모범생은 아니다. 인성이 갖추어지지 않은 학생이 너무 많다. 정서적인 면과 생활 습관 면에서 바르지 못한 학생도 많이 있다. 문제는 이러한 바르지 못한 학생이 어른이 되어 국가기관이나 산업기관 또는 신약 개발에 종사했을 때, 국가와 사회, 인류의 공영에 해로운 존재가 될 수 있다는 것이다. 자신의 경제적 부(富)만 창출하고 공익에 도움이 되지 않는다면, 사회적 투자를 통한 인재 육성이 크게 잘못되는 것이다.

성적이 낮은 이유를 찾다

성심이는 평소 얌전하고 말수가 적은 우리 반 여학생이었다. 중학교 3학년 때 지도했던 여학생이었으니까 한창 사춘기를 겪는 중이었다. 얼굴은 계란 형으로 작고 예쁜 스타일이었다. 수업시간에도 선생님 말씀을 잘 들었고 행실도 바른 모범생이었다. 그러나 시험만 보면 평균 성적이 40점대를 넘지 못하였다. 학급의 꼴찌는 맡아 놓고 하였다.

어느 날 성심이가 성적이 낮은 이유를 알아보기로 작심을 하고 하나하나 분석 작업에 들어갔다. 먼저 성심이의 학업성적에 영향을 미치는 요소를 찾아보기로 했다. 그런 다음에 성심이의 학습활동 모습을 관찰해 보았다. 학업성적에 미치는 영향요소는 여러 가지가 있겠지만, 우선은 내적 요인과 외적 요인으로 나누어 생각할 수 있다.

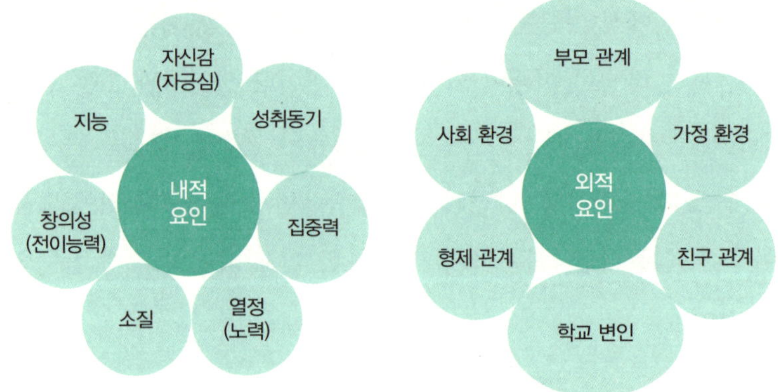

학력에 미치는 영향 요소

내적 요인에는 자신감과 성취동기, 집중력, 열정(노력), 타고난 소질, 전이 능력이 높은 창의성, 타고난 지적 능력(지능), 끈기와 실리를 챙기는 근성 등이 있고, 외적 요인에는 부모와의 관계, 가족 구성원의 성격이나 경제적 능력 및 가정의 전통적 습관, 친구관계, 학교 선생님 중심의 학교 변인, 형제 관계, 사회 환경 등이 있을 수 있다. 그러나 가장 중요한 요소는 역시 자긍심으로 표현할 수 있는 자신감이다. 자기 스스로 작은 계획 하나라도 수립하여 실천한 후 성공을 거두었을 때 가지는 자신감이 가장 큰 요소가 된다. 작은 성공의 경험이 누적되면 자신감은 자신의 꿈과 희망을 꼭 실현할 수 있다는 신념으로 바뀌게 된다.

'꿈은 이루어진다'는 믿음이 중요하다. 자신감이 없는 학생은 학습활동을 전개하여도 소극적으로 임하게 된다. 자신감을 가지고 노력하여 거듭된 성공을 경험하였을 때 얻어지는 기쁨과 신념은 공부뿐만이 아니라 우리 생활의 모든 부분을 긍정적으로 생각하게 하고, 자신 있게 적극적으로 도전하게 한다. 이는 인류가 지금까지 살아오면서 수많은 사람이 검증해 놓은 결과다.

다음으로 학습의 목적, 즉 성취동기가 중요하다. 성취동기가 없다면 재미있게 공부하지 않을 것이기 때문이다. 여기에는 집중력도 중요하다. 누가 불러도 듣지 못할 정도의 집중력, 집중력은 자신이 공부하는 내용에 몰입하는 것을 의미한다. 자신이 학습하는 내용에 몰입하면 그 내용은 오랫동안 기억될 뿐만 아니라 이해하는 데도 도움이 된다.

학습에 대한 열정은 학업성적과 직결되는 중요한 요소다. 노력 없이는 아무것도 성취할 수 없다. 노력도 그냥 노력이 아닌 최선을 다하는 노력이 필요하다.

사람은 세상에 태어날 때 타고난 소질이 모두 다르다. 학습활동에 도움이 되는 소질을 타고난 사람도 있고 머리로 하는 공부보다는 손과 발에 재주가 있는 사람도 있다. 타고난 소질을 무시하지 않고 의도대로 계발하는 것이 무엇보다 중요하다. 학교에서 실시하는 각종 평가에서 또 하나의 중요한 요소는 전이 능력이다. 교과서를 달달 외우고 있는 학생에게 그 내용을 물어보면 대답을 곧잘 하는데도 시험을 보면 만족스러운 성적이 나오지 않는 것은 창의성의 일종인 전이 능력이 부족한 때문이다.

자신이 공부한 책으로 물어보면 대답을 하는데 문제집이나 시험지에서 물어보면 대답하지 못하는 경우가 이에 해당한다. 이런 학생은 다양한 문제집으로 실전 경험을 많이 쌓아야 한다. 그뿐만 아니라 공부를 할 때 단순 암기 형태로 해서는 안 되고, 이해하면서 암기하는 것이 중요하다. 학습 내용을 정확하게 이해하지 않고, 강약을 두지 않은 상태에서 단순 암기로 기억된 지식은 잘 전이되지 않기 때문이다.

학습한 내용을 학생이 머릿속에서 종합할 때에는 단순 지식을 조합하여 이를 응용화, 또는 행동화하는 방법으로 학습을 진행해야 한다. 그러나 대부분의 학생은 단순 지식을 암기하는 데 그치는 경우가 많다. 수업시간이나 학습 과정에서 입력Input된 지식을 학생 스스로 머릿속에서 조합하여 출력Output시켜야 한다. 그래야 시험을 잘 볼 수 있다.

전이 능력은 학업성적 향상에 큰 영향을 주는 요소다. 지능은 집단의 평균 정도만 가지고 있어도 학습하는 데는 아무런 지장이 없다. 연구나 발명 등의 특수 활동을 전개할 때에는 영향을 주게 되지만 일반적인 학습활동에는 큰 영향을 주지 않는다.

학습자에게 주는 외부요인에는 부모님과의 관계를 생각할 수 있다. 부모님과의 관계가 학습에 도움이 되는 관계를 형성해야 한다. 소통이 안 되거나 학습과 관계없는 대화로 갈등을 초래하게 되면 학습자는 최선을 다하는 학습활동을 하지 않게 된다.

가정환경도 중요하다. 가문의 역사나 부모님의 직업, 경제적 여건, 학습 환경과 풍토 등이 학습자에게 큰 영향을 준다. 가정환경은 대부분 부모님들이 만든 환경이지만 학생들의 학업에 지대한 영향을 미친다. 부모님 간의 다툼과 싸우는 큰 소리는 자녀들의 학습의욕에 절대적으로 영향을 주는 사항이다. 안방이나 거실에서 부모님이 다투고 있을 때 자녀는 자기 방에서 주먹이나 펜으로 책상을 내리치고, 부모님을 원망하면서 집을 나가고 싶은 충동을 느끼게 된다. 학습활동은 고사하고 가정생활 자체를 거부하고 싶은 충동을 느끼게 되는 것이다. 가정의 화목은 자녀에게 주는 가장 큰 축복이다.

친구 관계도 중요하다. 학생들은 등교한 후 수업시간을 제외하고는 끊임없이 친구들과 대화를 나눈다. 대화 소재에는 가정에서 부모님과 자녀와의 관계를 많이 이야기한다.

청소년이 모인 곳은 부모의 자녀관이 평가되는 곳

자녀들은 모든 것을 자기중심적으로 생각하기 때문에 다른 부모님과 자기 부모님을 곧잘 비교한다. 자녀가 자기 주도적으로 무엇인가를 계획하고 열심히 노력해서 좋은 결과를 냈을 때, 자녀들은 보상받기를 원한다. 그러나 자신의 부모님은 아무런 격려나 보상을 해주지 않고 잔소리만 늘어놓으면 자녀는 친구와 비교를 해보게 된다. 자신보다도 못한 결과를 낸 친구가 부모님으로부터 좋은 보상을 받았다면 자녀는 좌절하게 된다.

다른 부모님은 용돈도 많이 주고, 칭찬도 많이 해 주시고, 축구장이나 야구장도 자주 데려가 주시고, 선물도 자주 사주시고 등등 다른 부모님과 비교하여 자기 부모님에 대한 불평을 많이 한다. 불평하는 자녀는 그 후로 심한 열등감에 빠지게 되고 좌절하면서 학습에 대한 열의를 잃게 된다.

학교 변인도 영향이 대단히 크다. 어쩌다가 담임선생님이나 교과 선생님과 잘못된 인간관계를 형성하게 되면, 3년 또는 6년간 학교생활에 많은 어려움을 겪게 되는 것도 마찬가지다. 그래서 평소에 기초·기본생활을 잘 습관화하여 학생들의 사회생활 공간인 학교에서 바른 인간관계를 형성하여야 한다.

형제와의 관계는 인간관계 형성의 초보단계다. 특히 초등학교 저학년의 경우에는 형제의 영향을 많이 받는다. 형제가 없는 자녀는 가정에서 외로움을 많이 가지고 있기 때문에 때로는 부모가 그 역할을 대신해주어야 하는 경우도 생기게 된다.

주거 공간 근처에 오락실이나 PC방, 유흥업소 등 학습활동에 부정적인 요소가 많은 경우 학습자는 유혹을 뿌리치기 어렵게 되고 갈등을 겪게 된다. 학습자가 생활하는 사회 환경이 학습자의 가치관 형성과 의지력 형성에 크게 영향을 주게 됨을 알아야 한다.

학습 습관도 중요하다. 사람은 습관의 복합체라고 말하지 않던가. 학습 습관에는 다양한 요소가 포함될 수 있다. 수면습관, 학습활동 자세, 하루 중에 학습시간대 확보 등도 영향을 준다고 보아야 한다.

성심이가 학업성적이 낮은 이유는 이해력 부족과 학습 전이 능력 부족이 가장 큰 이유였다. 성심이는 그해에 많은 노력을 하여 학업성적 평균을 20점 정도 더 올리는 성과를 거두었다. 착한 성심이는 지금 어디에서 누구와 결혼하여 얼마나 행복하게 살고 있을까?

〈학훈 10조〉를 내 것으로 만든다

외국 속담에 '말을 물가로 데리고 갈 수는 있어도, 억지로 물을 먹일 수는 없다'는 말이 있다. 이 속담이 어디에 근거를 두고 생겨났는지는 몰라도 자라는 청소년을 두고 한 말 같다.

미래의 주인공인 청소년은 기성세대가 만들어 놓은 문화에 적응해야 하고 또 새로운 문화를 창조·발전시켜야 하는 과제를 안고 있다. 그러기 위해서는 부단한 배움과 연마가 필요하다. 그러나 일부의 청소년은 기성세대가 만들어 놓은 문화를 향유만 한다든가 아니면 거부만 하려는 경향이 있다. 배움과 훈련, 창조가 재미없고 힘들기 때문이다. 대부분의 부모님들은 억지로라도 자녀에게 배움을 강요한다. 말에게 억지로 물을 먹일 수 없듯이, 학교나 학원에 보내서 자리에 억지로 앉힐 수는 있어도 하기 싫어하는 공부를 자기 주도적으로 시킬 수는 없다. 이것이 바로 교육하는 사람들이 해결해야 할 가장 큰 현안이다.

문제의 핵심은 마음에 있다. 학생 스스로 공부를 해야 하겠다는 마음을 갖는 것이 중요하다. 세상을 힘들게 살아본 경험이 있는 사람은 공부를 하지 않으면 세상에 적응하기가 너무나 힘들고, 자신이 갖고 싶은 직업을 선택하여 행복하게 살 수 없다는 것을 훤히 알고 있다. 그러나 당사자인 일부 청소년들은 그것을 알 리가 없다. 그러니 알게 하는 것이 중요하다. 청소년의 경우에는 개

넘적으로 알게 하는 것보다 견학과 체험을 통해서 알게 하는 것이 더 중요하다. 체험의 종류에는 직접 체험과 간접 체험이 있다. 간접 체험보다는 직접 체험이 청소년에게는 더 효과적이다.

체험을 통해 배움과 학습이 중요하다는 것을 알게 한 후에는 보다 구체적인 요령을 습득하게 해야 한다. 즉 학습요령과 자기 통제력이다. 자기 통제력의 핵은 '끈기와 집중력'이다. 집중해서 끈기 있게 노력하면 학습의 단편적인 내용에 해당하는 지식을 이해하게 되고 창의적으로 전이하고 변용시킬 수 있다. 집중력은 오랫동안 기억하게 하는 기억지속력과도 관계가 있다. 집중하면 내용을 장기간 기억하게 되지만, 집중하지 못한 내용은 쉽게 잊어버리게 된다.

강한 성취동기와 열정으로 공부를 하겠다고 결심한 학생에게는 '학습요령'을 가르쳐야 한다. 학습요령은 대략 10가지 정도를 꼽을 수 있는데 이를 〈학훈 10조〉라고 이름을 붙여 열거해 보면 다음과 같다.

제1조. 공부에 재미를 만들어야 한다

공부는 누구나 해야 한다. 기초·기본 교육을 이수하는 것은 적성과는 관계가 없다. 민주시민으로 사는 것에 불편함이 없을 정도는 하여야 한다. 그런데도 공부가 하기 싫다면 재미를 만들어서라도 해야 한다. 아무리 국어, 영어, 수학이 중요하다고 말해도 재미없으면 하기 싫다. 아무리 노벨문학상을 받은 훌륭한 작품이라도 재미가 없으면 읽지 않게 되듯이, 재미는 학생들의 마음속 깊은 곳에서 동력을 만들어 내게 되는 힘으로 가장 중요한 요소다. 알게 되는 즐거움, 배우는 기쁨과 보람이 있어야 한다.

우리 속담에 '평안 감사도 저 싫으면 그만이다.'라는 말이 있다. 국어에서 아름다운 시의 묘미를 알게 되고, 영어에서 단어나 문장을 읽을 때 고저를 이용한 발음의 아름다움, 수학에서 쉬운 방정식 문제라도 자기 스스로 풀어 정답과 일치했을 때의 기쁨과 환희, 자기 스스로 열심히 공부하여 기대하는 성적표를 받고 등수가 향상되었을 때의 기쁨 등 다양한 분야에서 즐거움과 기쁨을 맛보고 재미를 느끼게 될 때 학습활동은 지속이 되고 발전하게 된다.

제2조. 실리를 챙기는 근성이 있어야 한다

세상에서 가장 값비싼 투자는 인간의 노력을 투자하는 것이다. 우리가 사는 세상에서 노력, 돈, 현물, 주식 등 투자할 거리는 참으로 많다. 하지만 인간의 노력을 투자하는 것보다 더 비싼 투자는 없다.

학습활동과 연구 활동은 노력을 대충 투자하는 것도 아니고 온갖 정성을 다하여 땀을 흘려가며 투자하는 것이다. 이 얼마나 숭고한 투자인가. 공부하기 위해 노력을 투자하였더니, 다음 날 다 잊어버렸다? 이 얼마나 억울한 일인가. 속된 말로 본전 생각이 날 것이다. 사람의 마음속에는 근성이 있다. 경제적이고 효율적인 학습활동을 전개하여야 한다. 그러기 위해서는 계획된 치밀한 반복 학습과 집중력 있는 학습, Study Planner 활용, 학습일기 작성, 오답 노트 활용, 연습장 모아 쌓기 등 손해 보지 않는 학습활동을 전개하여 실리를 챙겨야 할 것이다.

제3조. 흔들림 없이 실천되어야 한다

'작심 3일作心三日'이라는 말처럼 우리는 좋은 계획을 세우고도 실천한 지 며칠 되지 않아 중단하게 되는 일이 많다. 이는 의지가 약해서일 수도 있고, 환경과 조건을 잘못 분석하여 처음부터 계획이 잘못 만들어졌기 때문에 나타나는 현상일 수도 있다. 대부분은 의지가 약한 경우지만, 의지를 더욱 강하게 해주지는 못하더라도 의지를 흔드는 요소는 제거해야 한다.

우리 주위에는 항상 반대개념이 상존한다. 선善이 있으면 악惡이 있고, 앞이 있으면 뒤가 있고, 정正이 있으면 사邪가 존재한다. 따라서 주위의 도움을 받아서라도 학습의지의 반대 개념이 설자리가 없도록 강한 힘을 마음속에 키워야 한다.

제4조. 머리는 늘 맑아야 한다

머리가 아프면 만사가 다 귀찮은 법이다. 의욕이 생기지 않게 된다. 그러니 머리가 맑고 개운해야 학습에 의욕이 생긴다. 머리가 맑고 개운하지 않은 경우에는 여러 가지 원인이 있을 수 있다. 수면부족, 불규칙한 생활, 영양 결핍, 잦은 스트레스의 시달림, 과중한 학습활동, 운동부족, 꾸지람 듣기, 질병의 발생으로 인한 건강 악화 등등 많은 원인이 있을 것이다. 이러한 원인 중에서 가장 많이 나타나는 현상은 자라나는 청소년으로서 수면부족과 영양결핍, 운동부족, 어른들의 꾸중이 대부분이다.

하루에 7~8시간은 반드시 잠을 자야 하는데 과중한 학습에 시달리다 보니 수면부족 현상이 나타나 항상 머리가 띵하고 콕콕 찌르는 것 같은 통증을 겪게 된다. 자연스레 의욕상실 현상이 나타나는 것이다.

운동부족도 마찬가지다. 대뇌에는 많은 신경세포와 모세혈관이 있는데 적당한 운동을 하게 되면 혈액순환이 좋아져 머리가 맑아지고 기억력이 증진된다. 청소년의 경우 많은 학생에게서 볼 수 있는 편식은 뇌세포의 발육과 건강의 악화로 이어진다. 규칙적인 생활과 적당한 운동, 고른 영양섭취로 건강을 지켜 의욕적인 학습활동을 할 수 있어야 한다.

제5조. 반복(지속적) 학습이 중요하다

말콤 글래드웰은 그의 저서 『아웃라이어』에서 "어린 시절의 천재성은 어른이 될 때 반드시 성공을 보장하지는 않는다. 성공은 무서운 집중력과 반복적 학습을 통한 습관의 산물이다."라고 언급하였다.

여기서 반복 학습은 두 가지로 생각할 수 있다. 한 가지는 사람을 기준으로 생각할 때 몸에서 학습활동의 리듬이 끊어지지 않도록 지속적으로 학습활동을 전개하는 것을 말한다. 또 다른 의미의 반복 학습은 하나의 지식을 기억할 때 일정한 시간이 지나면 망각을 하게 되므로 잊을 만할 때 되풀이하여 학습함으로써 오랫동안 뇌의 기억장치에 고정시켜 놓는 활동일 수도 있다. 전자이든 후자이든 간에 모두 중요한 학습활동의 하나다.

제6조. 오답관리를 잘하여야 한다

머릿속의 기억장치는 기억하기 쉬운 대로 기억을 한다. 이해한 것만을 기억하고 정리도 잘한다. 밤에 공부하고 아침에 일어나면 중요했던 것과 덜 중요했던 것을 완전히 구별하여 덜 중요했던 것은 망각시켜버린다. 문제의 정답일 것이라고 잘못 기억했던 것은 빨리 잊어야 한다. 잊는 데는 오답을 기억했을 때보다 더 큰 자극으로 새로운 정답을 입력시켜야 한다. 그러다 보면 오답 노트나 메모장이 필요할 수도 있고 학습자가 고안해 내는 독특한 방법으로 발전시켜 나가야 한다.

제7조. 암기 위주만의 학습은 안 된다

기억장치 면에서 사람과 컴퓨터는 비슷한 면도 있지만 많은 부분에서 큰 차이가 있다. 그중의 하나가 컴퓨터는 무조건적으로 입력시킨 사항을 기억시킬 수 있지만, 사람은 그렇지 않다는 것이다. 사람은 이해된 것만을 오랫동안 기억할 수 있고 이해가 안 된 것은 '왜?'라는 의문점을 제기한다. 그 의문점을 해결하면 이해하게 되고 이해된 것은 어느 기간 동안 기억을 하게 된다.

학습자는 처음에 이해가 잘 되지 않는 문제를 무조건 외우려고 시도하지만, 단기간에는 당연히 힘들다. 지속적인 학습활동을 통해서 이해 위주의 학습으로 점차 발전시켜 나가야 한다.

제8조. 실전처럼 공부하라

체육 활동이나 군대 생활에서 우리가 자주 듣게 되는 말이 있다.

"훈련도 실전처럼 해라. 훈련에서 흘린 땀 한 방울은 실전에서 피 한 방울을 아낀다!"

학교에서 치르게 되는 종합고사 형태의 중간고사나 기말고사는 주로 기억력 위주의 평가문제가 많이 출제되는 편이다. 그러나 신분의 변화를 가져오는 상급학교 입시 문제나 대학 수학능력 평가 문제 등은 고도의 사고력과 창의력을 요구하는 문제가 많다. 문제의 형태도 개념이나 원리를 묻는 문제, 실험 관련 문제, 그림이나 그래프 관련 문제, 도표를 분석해야 풀 수 있는 문제 등 다양하다. 그러하기에 학생에 따라서는 학교 성적이 우수한데도 입시에서 좋은 결과를 얻지 못하는 사례가 많다.

반면에 학교 성적은 최상위가 아님에도 불구하고 입시 관련 평가에서는 상대적으로 좋은 결과를 얻는 학생도 있다. 이러한 현상들은 실전처럼 어떻게 공부하느냐에 달린 것이다.

제9조. 무리한 계획과 실천은 안 된다

학습이 이루어지는 경우에는 자의에 의한 학습과 타의에 의한 학습으로 나누어 볼 수 있다. 타의에 의한 학습활동은 피동적인 경우가 많아 효율성이 떨어진다. 자의에 의한 학습활동이 가장 바람직하다. 물론 어린 학생들의 경우에는 자율성이 상대적으로 낮기 때문에 타의에 의한 학습으로부터 시작하여 학습에 흥미를 갖게 되고, 서서히 자율학습활동으로 전환하는 경우도 있다.

자의에 의한 학습활동의 경우 계획 수립이라든가, 실천하는 부분에서 무리수를 두어 작심 3일에 그치는 경우를 많이 볼 수 있다. 공부뿐만 아니라, 무엇이든지 끈기 있게 지속적으로 활동을 전개해야 결론을 얻을 수 있지, 중도에서 포기하든가, 아니면 방향을 바꿀 경우 그만큼 효과성은 떨어지게 된다.

제10조. 무조건 남의 흉내를 내는 것은 좋지 않다

시중에는 명문대학에 입학한 수재들의 학습방법을 제시한 책이 참 많다. 때로는 역경을 이겨내고 힘들게 명문대학에 합격한 수기를 모은 책들도 있다. 그러나 그러한 학습법은 내가 아닌 해당 학생이 오랫동안 공부를 하면서 스스로 발전시킨 학습법일 뿐이다. 남의 학습법을 읽어봄으로써 큰 자극을 얻을 수는 있지만 자기 것으로 만들기는 무리가 있다. 가장 좋은 학습법은 자기 스스로 열심히 노력하면서 발전시킨 학습법이다.

학습의 결과는 마음에서 우러나오는 노력에 의해서만 큰 결과를 얻을 수 있으며 성공을 보장할 수 있다. 성공은 남이 만들어 주는 것이 아니고 자기가 만드는 것이다. 당연히 그 과정도 자기 스스로의 학습활동으로 발전시킨 학습법이어야 성공을 보장할 수 있다.

<학훈學訓 10조條>

제1조 공부에 재미를 만들어야 한다.

제2조 실리를 챙기는 근성이 있어야 한다.

제3조 흔들림 없이 실천되어야 한다.

제4조 머리는 늘 맑아야 한다.

제5조 반복(지속적) 학습이 중요하다.

제6조 오답관리를 잘하여야 한다.

제7조 암기 위주만의 학습은 안 된다.

제8조 실전처럼 공부하라.

제9조 무리한 계획과 실천은 안 된다.

제10조 무조건 남의 흉내를 내는 것은 좋지 않다.

생각은 말을 통해 알 수 있다

  말을 잘한다는 것과 글을 잘 쓴다는 것은 사람에게 중요한 재능 중의 재능이다. 사람이 태어나서 제일 먼저 배우는 것이 말인데, 세상 사람들은 대부분 말을 잘 못한다. 나도 그중의 한 사람이다. 전해오는 우리 속담에는 다음과 같은 말들이 있다.

  '인간은 말을 만들고 말은 인간을 만든다.'

  '가루는 칠수록 고와지고, 말은 할수록 거칠어진다.'

  '못할 말을 하면 자손에 앙얼殃孼 간다.'

  '한번 뱉은 말은 주워 담을 수 없다.'

  위의 속담을 보면 말이라는 것이 얼마나 중요한지 알 수 있다. 학교에서 학생들과 지내다 보면 위의 속담을 참 무색하게 만들곤 하는 일이 많다. 학생들이 사용하는 말을 들어보면 이해할 수 없는 말이 참으로 많다. 어떤 경우에는 무슨 뜻인지도 모르고 사용한다. 주로 많이 사용하는 비속어는 'ㅈ나, 씨발, ㅅ끼, 졸라, 쩔다' 등이다.

  학생 곁을 지나가다가 무심코 욕설을 내뱉는 학생을 보면, 불러서 그 뜻을 물어보곤 한다. 무심코 사용하는 욕설이 얼마나 무서운 말인지, 그 욕설이 어떤 뜻인지를 모르고 사용함을 알 수 있다. 이렇게 하나하나 잘못된 점을 진심으로 가르쳐 주면 학생들은 변화한다.

사회지도층이 막말하면 청소년의 미래는 없다

신문을 보면 어른들이 사용하는 저속한 표현도 이만저만이 아니다. 공부를 많이 한 판사가 자신의 생각과 다르다고 세상에 대하여 저속한 표현을 마구 드러내고 있다. '시커먼 땟국물 꼼수면', '가카새끼 짬뽕', '빅엿'이라는 표현으로 민주주의 국가에서 정상적으로 국민이 뽑은 대통령을 비하하고 있다. 중학생들에게 신문에 자주 나오는 '꼼수'를 비롯한 몇 가지 말의 의미를 물어보았다. 학생들의 답은 "잘 모르겠다"는 답변이 제일 많았다. 오히려 "좋은 뜻 아닌가요?"라고 되묻는 학생도 많았다.

요즘 학교에서는 학교폭력 문제로 시끄럽다. 국가와 사정 당국에서는 '일진회'를 비롯한 학교폭력을 주도하는 집단을 근절하겠다고 난리다. 그런데 사회를 주도하는 성인사회는 학교보다 더 폭력적이다. 도덕적 불감증에 이념 대립, 막되어먹은 사람들이 활개를 치고 있고, 성폭력에 약자 유인납치, 살해 등 요즈음 유행하는 말로 막장까지 간 느낌이다. 일부 인사들의 막말은 사회 전체를 혼동 속으로 몰아넣고 있다. 원칙과 도덕이 살아있는 사회가 되어야 한다.

말을 잘하면 입시에서도 유리하다. 최근에는 입시제도가 바뀌면서 대학뿐만 아니라 과학고나 외국어고와 같은 특수목적고등학교에도 입학 사정관을 이용하여 학생을 선발하고 있다. 입학 사정관을 이용한 입시에서는 학생의 성장환경, 학문적 소양, 비교과 영역 활동상황, 수험생이 소속된 학교정보, 수험생의 인성, 자기소개서, 교사의 추천서, 학생의 산출물, 학생 주도형 면접 등에 역점을 두고 평가한다.

학생들을 면접해 보면 학생 수만큼이나 천차만별이다. 면접에 임하는 학생이 바른 자세로 자기의 생각을 논리 정연하게 표현하는 것은 입시의 당락에 큰 영향을 미친다.

학업성취도를 높여주는 자의적 학습역량

　현관에 걸어 놓은 온도계가 34℃를 가리킨다. 밖의 열기가 온몸에 감싸온다. 이번 주 월요일부터 주말까지 방학이다. 그다음 3주간은 방과후학교를 운영하고, 1주간 더 방학을 한 후 개학을 한다.

　날씨가 이렇게 더울 때면 1970년대 중반 육군보병학교에서 훈련받을 때가 생각이 난다. 각개전투를 하는데 어찌나 더운지 목표를 점령하고 졸도 직전까지 간 기억이 있다. 그때 누군가가 먹다 남은 콜라 한 방울을 입안에 떨어뜨려 주었는데, 그 맛이란 어떠한 말과 단어로 표현할 수 없을 정도로 달콤했다.

　그때도 35℃가 넘으면 훈련을 하지 않고 실내교육으로 대체했던 기억이 난다. 그때나 지금이나 여름철 한복판에는 35℃를 오르내리니, 여름은 우리 인간에게는 참으로 살기 어려운 계절이다.

　요즘 학생들은 불쌍하다. 방학기간에도 공부하느라고 바쁘다. 공부하는 장소가 학교에서 학원으로, 과외로 바뀌었을 뿐, 말로만 방학이다.

　나는 어렸을 때 방학하면 재밌게 놀았던 기억이 가장 많이 남는 것 같다. 초등학교에 다닐 때에는 맘껏 놀던 기억밖에 다른 생각은 나질 않는다. 밥 먹는 것도 잊고 놀았다. 중학교 입학 후에는 달라졌다. 책상 위에 예습·복습 시간을 정해놓고 나름대로 열심히 공부했다. 예습과 복습 시간이 기껏 1시간 내외였지만.

방학 때는 가까운 곳에 저수지가 있어서 수영하면서 물놀이를 하였고, 동네 모퉁이에 있는 최 선생님댁 서당에 다니면서 천자문을 공부하였다. 겨울에는 통나무를 쪼개어 철사를 박아 만든 스케이트를 타고 서당에 다녔다. 엄마는 가끔 인절미를 만들어 선생님께 드리라고 주셨다. 그 최 선생님은 돌아가신지 오래다. 서당은 반 칸짜리 온돌방이 고작이었지만, 생각보다 많은 학생들이 앉아 공부했다. 맨 앞줄은 천자문을 공부하는 학생이, 뒷줄로 갈수록 차츰 높은 수준의 학생들이 앉았고, 맨 뒷줄은 청년들이 앉아 아주 수준 높은 내용을 공부했던 기억이 난다.

허리를 연신 앞으로 뒤로 움직이면서 약간 소리내어 글을 읽었다.

"천지현황이고 우주 홍황이라~."

"일월영측하고 진숙열장이라~."

한 글자라도 놓칠세라 억새 줄기 또는 참대로 짚어가면서 옆 사람보다 더 큰소리로 읽었다. 그러다가 선생님이 "그만"하시면 그때부터는 먹을 갈아 신문지나 마분지에 붓으로 글씨를 쓰면서 그 의미를 깨달았다. 글을 쓰면 선생님은 돌아다니시면서 개별지도를 해주셨다. 글자를 쓰는 법과 그 의미를 잘 지도해 주셨던 기억이 난다.

천자문을 뗀 후 방학이 끝나고 개학이 되면, 한자가 섞여 있는 국어공부를 하기가 한결 수월했다. 그때 붓으로 한자를 써보던 일이 생각나 지금도 붓을 잡고 한자를 써 보곤 한다.

방학기간에 쌓은 추억이 참 많다. 나는 물에서 하는 놀이면 무엇이든지 좋아했는데, 방학 때나 일찍 하교하는 날이면 어김없이 물가로 가 여름에는 수영하고, 겨울에는 스케이트를 타며 놀았다. 지금 생각하면 모두가 다 아름다운 추억으로 남는다.

방학은 개인별로 도약하는 절호의 기회이다

방학기간은 자의에 의한 학습을 최대한 할 수 있는 시간적, 공간적 여유가 있다. 학습자의 의지에 따라서 얼마든지 학습활동을 전개할 수 있다.

학생들의 학습활동은 타의에 의한 학습과 자의에 의한 학습으로 나누어 생각할 수 있다. 타의성이 큰 학습으로는 학교의 수업, 학원교육, 과외학습 등 주로 강요에 의한 학습이 있다. 타의학습은 학습 내용 면에서는 처음 접해 보는 생소한 내용이 많을 수 있다.

자의성이 비교적 큰 학습은 자기 주도적으로 학습계획을 수립하고, 계획을 실천하며 스스로 평가하면서 피드백Feed Back시키는 활동이기에 학습자에게는 성과가 크게 나타난다. 학교에서 보면 종종 방학이 끝난 후에 학습태도가 확 달라져서 등교하는 학생들이 있다. 이런 학생의 경우는 방학이라는 기간이 학습활동의 전기가 된 셈이다. 방학은 학습자의 역량에 따라서 도약할 수 있는 절호의 기회이다.

기 회

버튼 브레일리

최고의 시는 아직 쓰이지 않았다.

최상의 집은 아직 지어지지 않았다.

최고봉은 아직 정복되지 않았다.

최대의 강에 아직 다리는 놓이지 않았다.

그러므로 두려워 말고 초조해하지도 말고

약한 마음을 먹지도 말라.

기회는 이제 막 도래하고 있다.

최고의 일은 아직 시작되지 않았다.

최고의 작품은 아직 완성되지 않았다.

창의력 신장은 토론이 답이다

2012년 12월 19일 제18대 대통령 선거가 끝났다. 박근혜 후보가 문재인 후보보다 1,080,491표를 더 얻어 당선되었다. 선거기간 동안 총 3회에 걸쳐 TV토론이 개최되었는데, TV토론이 끝난 후 각 언론사에서는 정치평론가들을 출연시켜 많은 평을 쏟아냈다. 각 후보의 정책이나 인성에 대한 평가보다는 말을 얼마나 매끈하게 청산유수로 잘했느냐가 관전평의 주류를 이루었다.

최근에 이슈화된 토론 중 전 국민이 지켜보는 가운데 이루어진 가장 뜨거운 TV토론이었다. 이렇게 토론은 주제에 대한 서로의 의견을 제시하고, 상대방이 제시한 의견에 대하여 자신의 또 다른 창의적 의견을 피력함으로써 가장 합리적인 해결방안을 모색하는 과정이다. 난해한 문제를 해결하는 데 사용할 수 있는 좋은 방법의 하나며, 배움의 과정 중에 있는 청소년의 창의력 신장 방법으로는 제일이다.

수업방식은 지도교사가 계획된 교과단원에 맞는 소주제를 제시하여 학생들의 다양한 의견을 피력하도록 하고, 그에 반대 의견과 또 다른 생각을 하도록 한다. 여러 가지 의견을 생각하면서 학생들은 창의성을 신장시키고 제시된 학습목표를 달성하여 성취감을 느끼게 된다. 그런데 문제점이 있다. 학생들이 전문지식을 많이 알아야 하는 문제와 그 짧은 단위 수업시간에 하나의 소단원을 마쳐야 하는 부담감이 있다는 것이다. 이 두 가지의 문제점은 선생님들로서는 소홀히 할 수 없는 아주 중요한 사항이다. 이러한 문제점을 안고 토론학습을 통해 학생들의 창의력과 사고력을 높일 경우 선생님들에게는 고도의 교수 기술이 요구된다.

또 하나의 문제점은 학생들에게 있다. 초등학교 때에는 선생님이나 부모님에게 질문도 잘하고, 호기심을 해결하기 위해 다양한 노력을 스스로 많이 하던 학생이 중·고등학생이 되면 질문도 잘 안 하고 자신의 생각을 잘 표현하지 않는다. 그 원인은 성장 과정의 자연스러운 변화일 수도 있지만, 자칫 서투른 질문이나 의견은 입시에도 도움이 안 되고, 다른 학생들의 비난이나 웃음거리가 될 뿐이라는 것을 알기 때문이다. 이러한 학습태도는 학생을 적극적이거나 도전적으로 만들지 않고 소극적 생활로 일관하게 한다.

비록 주위의 시선이 의식되더라도 자신이 도저히 해결할 수 없는 의문사항은 질문을 통해 해결하는 것이 좋다. 이 세상에는 바보 같은 답변은 있어도 바보 같은 질문은 없다는 것을 알아야 한다.

간결하고 조리(條理) 있게 생각을 표현한다

토론과는 전혀 다른 의미를 가지는 '토의'도 있다. 토의는 어떤 문제를 해결하기 위하여 집단 구성원이 함께 검토하고 협의하는 일을 말한다. 토의할 때도 자신의 생각을 표현하는 것이기 때문에 아이디어나 표현기법 등이 중요하다.

중학교에 근무할 때, 나는 학생회가 주관하는 대의원회를 자주 참관했었다. 발표에 임하는 학생들의 태도를 보고 많은 문제점을 발견하게 되었다.

　첫째는 학생들이 토의나 토론 경험이 별로 없어서인지 발표하는 태도가 자연스럽지 못하였다. 둘째는 회의 요령을 회장단이나 대의원들이 몰라 불필요한 시간을 낭비하고 있다는 것이다. 학생들의 깊이 있는 생각과 창의적 의안이 필요한데 그러한 생각을 동의動議하는 학생이 극소수이었다. 학생회에서 토의하는 주제는 학교교육이나 학생생활에 중요한 사안이 많았다. 그러나 주제가 가지고 있는 문제점을 해결할 수 있는 안은 많지 않았다. 이는 평소 확산적 사고를 많이 하지 않는 생활 습관과 학습활동 위주의 학교생활 때문이라고 생각된다. 대부분의 학생들이 회의 진행 요령을 모르니 회의가 지루해지고 결론을 만들어가기가 어려운 것이다.

　회의 진행에서는 일반적으로 동의動議, 개의改議, 재개의再改議하는 안에 대하여 재청再請이 있어야 한다. 재청이 있어야 찬반을 묻는 의안이 성립된다. 개의가 없으면 동의로 결정되고, 개의가 있으면 다시 재개의의 여부를 묻고 없으면 동의와 개의만으로 의안을 성립시킨다. 성립된 모든 의견에 대해서는 질의하고, 각 의견의 타당성을 의견 발의자가 설명한다. 의견에 대한 토의를 충분히 거친 후에는 각 의견에 찬성 여부를 묻는다. 대체로 맨 마지막에 성립된 안, 즉 재개의, 개의, 동의 순으로 묻고, 별다른 규정이 없으면 최다수의 찬동을 얻은 안이 채택된다. 의장은 진행상의 결함이나 이의를 묻고 없으면 채택된 안을 선포한다. 채택되어 선포된

안은 모든 구성원이 실천하여야 하고, 조직이나 집단의 공통적인 목표가 되어야 한다. 하지만 민주주의가 발달하지 않은 집단이나 조직의 인화력이 약한 집단은 좋은 안을 채택하고도 실천하지 않아 발전하지 못하고, 지속적인 타성에만 젖게 되는 악순환을 겪게 된다.

회의에서의 바른 태도와 창의적 의안 제출 활동은 적극적이고 도전적인 생각 없이는 절대로 불가능하다. 이러한 도전적인 생활 습관은 창의력 신장에 큰 도움이 된다.

자연에서 생존의 원리를 배운다

봄 햇살이 따사롭다. 교정에 연분홍색의 영산홍이 자라고 있는 화단과 잔디 운동장에서 걸음을 멈추었다. 꽃의 아름다움이 마음을 한결 여유롭게 해주고 순수하고 온화하게 해준다. 파랗게 올라오는 잔디가 새 생명의 신비로움을 더해준다. 잔디의 새싹을 유심히 살펴보면 의문이 든다. 과연 이 힘은 무엇일까? 이 새 생명에 이처럼 신비로움을 주는 그 힘이 무엇일까? 무엇이 이처럼 자연의 현상을 아름답게 바꿔주고 변화를 일으킨단 말인가. 이 식물들에게도 영혼이 있을까?

일부 종교계에서는 "사람의 경우에는 영靈이 있고, 혼魂이 있으며, 육신肉身이 있는데 영靈은 인간에게만 있는 특성이며, 혼魂은 여타 동물에게도 존재한다."고 한다. 그러면 식물에는 영혼이 없는 것일까? 사람에게서 영혼이 육신으로부터 떠나면 육신은 하나의 부패되어가는 물체에 불과하다. 영혼을 볼 수 있을까? 손과 팔을 움직여 본다. 이 움직임이 영혼인 것 같다. 그렇다면 이 대자연을 움직이는 힘은 무엇일까? 때가 되면 일제히 새 생명을 움트게 하고, 꽃을 피우고 열매를 맺게 하는 자연현상이 놀랍기만 하다.

"이 힘은 '자연의 섭리'일까?"

"기독교에서 말하는 '성령'일까?"

"불교에서 말하는 '윤회 현상'일까?"

대자연에서 일어나는 변화와 현상은 쉼 없이, 멈춤 없이 사람의 육신을 움직이는 영혼과 같이 계속되고 있다.

생명체에게 경쟁은 숙명

가만히 앉아서 움트는 잔디를 만져보았다. 신기하기만 하다. 잔디 운동장은 2010년 4월에 첨단과학관과 기숙사를 준공하면서 만들었다. 척박한 운동장 흙에 국산 잔디를 구입하여 10㎝ 정도의 간격을 두고 줄 잔디 형태로 심었다.

전문가의 말을 들으니 비료를 한번 주고 난 후, 자라는 상태를 보아 자주 깎아주어야 한다고 한다. 들은 그대로 비료를 주었다. 올해는 유난히 비가 자주 와서 비료 기운은 빠르게 운동장 흙에 먹혀들어갔다. 그래서인지 심은 지 4개월 만에 운동장의 잔디는 골이 보이지 않을 정도로 무성하게 자랐다. 그런데 문제는 바랭이 풀을 비롯한 잡풀이 잔디보다 더 무성하게 자란다는 것이다. 인부를 사서 몇 날 며칠을 뽑았지만, 잡풀은 없어지질 않았다.

풀 깎는 기계로 베어내도 얼마 지나지 않아 잡풀은 잔디보다 더욱 그 세력을 확장하고 있었다. 어느새 인간과 잔디가 한편이 되어 잡풀과 치열한 생존경쟁을 벌이고 있음을 발견하였다. 또 마음 한편에는 잔디를 적극적으로 지원하여 잡풀을 몰아내야 하겠다는 결심도 하게 되었다. 운동장을 바라보며 그런 결심을 하고 돌아서서 화단을 보는 순간, 또 다른 치열한 다툼이 벌어지고 있는 현장이 눈앞에 펼쳐졌다. 바로 영산홍을 옥죄고 있는 마 줄기였다. 영산홍 사이를 비집고 기어올라 영산홍의 생장점이 있는 줄기 끝을

덩굴 형태의 마 줄기가 감싸 고사시키려는 것이었다. 나는 행정실의 아저씨에게 긴 대나무 끝에 낫을 묶어 오라고 한 후, 낫으로 마 줄기를 끊기 시작했다. 일을 마치고 돌아서서 생각하니, 이것은 인간이나 식물이나 그들이 살아가는 세상에서 어디에서나 볼 수 있는 생존경쟁이라는 생각이 들었다. 이러한 현상은 자연스러운 이치이고, 이러한 현상이 존재함으로써 이 세상에 생명체가 영속될 수 있는 것임을 생각하니 슬며시 웃음이 나왔다.

생명의 영속성은 자연스러운 경쟁에서 나온다

자연 속에서 일어나는 치열한 생존경쟁은 인간 세상에서도 일어나고 있다. 1897년 이탈리아의 경제학자인 파레토 Vilfredo Pareto는 '80대 20의 법칙' 즉 '파레토의 원리'를 발표하였다. 파레토의 원리는 집단에서 20%의 경쟁력 있는 사람이 생산량의 80%를 만들어 낸다는 것이다. 어떤 조직이나 기관에서도 원인이 되는 독립변인의 20%가 결과가 되는 80%의 종속 변인을 만들어 낸다는 원리다. 20%의 독립변인만을 가지고 실험해 보아도, 그중에서 또 20대 80이 성립되어 독립변인과 종속변인이 만들어지고, 80%의 종속변인 인자만을 가지고 실험을 해보아도 그 속에서 또 20%의 독립변인이 만들어진다는 것이다.

현실에서도 어떤 기관이나 회사의 경우 매출고나 생산량의 80%를 20%의 인력이 주가 되어 만들어 낸다고 보면, 20%의 구성원은 주인의식을 가지고 경쟁력 있게 살아가는 사람이고, 80%의 구성원은 피동적으로 끌려가는 객체가 되는 것을 의미한다.

인간도 자연의 일부라고 생각하니 쉽게 답이 얻어진다. 치열한
생존경쟁과 적자생존의 논리가 지배하는 이 세상에서 내가 잔디
와 영산홍을 편드는 것처럼 나의 편이 되어주는 것은 그 누구일까?

이미지는 외모와 표정, 말씨로 결정된다

면접은 자신의 모든 면을 남에게 보여주고, 자신에게 좋은 느낌을 갖게 하는 가장 중요한 평가 수단의 하나이다. 면접은 입체적이고 종합적인 대인관계의 수단이기도 하다. 면접을 통해 보여주게 되는 요소 중 외형적인 면으로는 외모, 옷차림, 말솜씨, 억양, 태도, 예절 등이 있으며, 내면적인 면으로는 인성, 인격, 지성, 지식, 사회성, 도전성 등 다양한 면이 있다.

따라서 면접은 짧은 시간에 자신의 모든 면을 평가관이나 사정관에게 보여주고 느낌을 갖게 하며, 자신의 미래를 결정짓는 특징을 가지고 있다.

이러한 특징으로 인해 수험생은 긴장하게 되고, 한번 실수를 하게 되면 자신의 꿈과 희망을 펼치는 데 큰 어려움을 겪게 되기도 하고 큰 실의에 빠지기도 한다. 면접을 잘 보기 위한 요령을 몇 가지 알아보면 다음과 같다.

묻는 내용은 생각하고 답변하여야 한다

면접에서 평가관이 묻는 내용은 다 의미가 있다. 시간을 보내기 위한 수단은 아니라는 것이다. '상대방이 잘 알아들을 수 있도록 표준말과 적당한 억양과 바른 태도로 말을 하는가. 생각하고 창의적으로 자기 의사를 분명히 표현하는가. 말을 할 때 논리적으로 표현하는가.'를 보고 판단하는 것이 면접이다. 면접 시에는 평가관이 묻는 내용이 생각을 필요로 하는 질문일 때 바로 답이 떠오르지 않는다면, "잠시 생각을 하고 말씀드리겠습니다."라고 양해를 구하고 떠오른 말을 정리한 뒤 말하는 것이 좋다.

면접에서 좋은 답변을 하기 위해서는 면접자에게 충분한 역량이 있어야 한다. 전문적인 지식의 양도 많아야 하겠지만, 평소 독서를 많이 하여 다양한 면에서 풍부한 지식과 창의적 발상發想을 가지고 있어야 한다.

말의 시작과 끝을 분명히 하고 말을 흐려서는 안 된다

면접에서는 상대방의 말을 잘 듣는 것도 중요하지만, 말을 잘하는 것은 더욱 중요하다. 말을 할 때는 표현하려고 하는 내용을 시작부터 끝까지 분명하게 표현하여야 한다.

대부분의 사람들은 처음 시작할 때는 상대방을 응시하면서 말을 잘하는데 중간부터는 음성도 작아지고, 억양도 떨어지며, 말꼬리를 흐리는 경우가 많다. 그래서 상대방으로 하여금 무슨 말을 하는지 알아들을 수가 없다. 이렇게 되면 상대방은 되묻게 되고, 말을 하는 사람이 전하려고 하는 내용을 전달하지 못하고 결국 의사전달에 실패하고 만다.

표현은 설득력 있게 생각을 진솔하게 표현하여야 한다

요즈음에 몇몇 정치인들을 포함하여 나라의 지도자로 행세하는 사람들이 하는 말을 들어보면 전혀 믿음이 가지 않는다. 조변석개 朝變夕改라고나 할까. 오늘 말한 내용이 며칠 지나면 또 다른 말로 바뀌니 당연히 믿음이 갈 수가 없다. 말을 하는 사람의 진실성이 배어 있지 않다. 자신의 생각을 진솔하게 표현하지 않으면 신뢰가 가지 않고 인간관계가 형성되지 않게 된다. 진솔한 자기표현만이 자기의 내면을 상대방에게 전달할 수 있다.

학생도 예외는 아니다. 주위 사람에게 거짓말을 밥 먹듯이 하는 학생들이 많이 있다. 친구끼리의 경우는 물론이고 부모님이나 선생님에게도 거짓말을 한다. 상대에게 거짓말을 하였더니 속더라는 사실을 발견하면 거짓말은 더욱 늘게 된다. 거짓말을 할 때는 표정과 표현과정에서 대부분 나타난다. 자신의 진솔한 생각을 설득력 있게 표현하는 것이 중요하다.

의사 표현은 표정, 태도, 눈빛, 복장으로도 한다

면접을 할 때 상대방에게 호감을 주는 방법은 여러 가지가 있겠지만, 가장 중요한 것은 우선 복장과 표정, 태도이다. 복장은 때와 장소, 상대에 따라서 달라질 수 있다. 시간과 공간을 잘 구분할 수 있는 복장이면 된다. 표정과 태도도 마찬가지이다. 상대를 존중하지 않는 태도나 표정은 불쾌감을 줄 수 있다.

미국의 UCLA대학의 명예교수 알버트 메라비언Albert Mehrabian은 "표현이 좋아도 커뮤니케이션을 성공하지 못하는 경우도 있다." 라고 말하면서 말과 소리, 태도 등 3가지를 강조하였다. '말'이라

함은 무엇을 말할 것인지에 해당하는 내용을 말하며, '소리'라 함은 음의 대소, 고저, 음색 등을 말한다. '태도'는 말하는 자세, 몸놀림, 표정, 외모, 시선 등을 일컫는다. 메라비언은 상대에게 주는 느낌과 강도를 말은 7%, 소리는 38%, 태도가 주는 느낌이 55%라고 연구결과를 발표하였다. 이처럼 면접은 자신을 면접관에게 종합적으로 보여주는 특징을 가지고 있다.

듣는 자세도 중요하다

학생들의 대학 진학을 앞두고 모의면접을 해 보기로 하였다. 교실별로 모의면접 고사장을 만든 후 2~3명의 선생님을 배치하여 실전과 똑같이 면접을 해보기로 한 것이다. 나는 순찰 중 교실 밖에서 창문을 통해 학생들의 면접 태도를 보기로 하였다.

면접관은 앞에 있는데 교실 바닥을 보면서 무언가를 열심히 말하는 학생, 계속 손가락을 만지작거리면서 답변을 하는 학생, 의자에 앉아 있지만 한쪽 발뒤꿈치를 들고 계속 흔들면서 말을 하는 학생, 고개를 쳐들고 눈을 껌벅거리면서 말을 하는 학생, 발바닥으로 마루를 앞으로 뒤로 계속 쓸면서 말을 하는 학생 등 천차만별이었다. 이 모두가 잘못된 자세다.

모의면접이 끝난 후 물어보면 정작 자신이 다리를 떨었던 사실, 손가락을 만지작거린 사실을 잘 모르고 있다. 우리가 무의식중에 말을 할 때 잘못된 습관이 몸에 배어 있다는 것이다.

외우듯이 답변하는 것은 마이너스다

학생들의 경우에는 자연스럽게 대화를 하면서 상대방과 의견을 교환하는 방식에 익숙하지 않다. 자신이 알고 있는 사실을 말할 때, 외우듯이 말을 하는 것은 상대방에게 딱딱한 느낌을 줄 뿐만 아니라, 잘 이해하고 있다는 느낌을 주기가 어렵다. 따라서 상대방이 알아듣기 쉽도록 풀어서 설득력 있게 표현하는 것이 중요하다.

해당 영역의 전문용어를 사용하라

면접에서 개인 신상이나 일반적 상식이 아닌 전문적 지식을 말하게 될 때는, 그에 맞는 전문용어를 사용하여 답변하는 것이 좋다. 왜냐하면, 전문적 지식을 물은 이유가 전문분야의 지식을 얼마나 알고 있는지를 파악하고자 함이기 때문이다. 즉 입학 후에 학습할 수 있는 능력이 얼마나 있는지, 또는 입사 후에 사무나 연구능력이 얼마나 있는지를 알고자 함이기 때문에, 전문용어를 사용하여 알고 있는 사실을 정확하게 표현하여야 한다.

귀납적 또는 연역적으로 말하라

자신이 가지고 있는 생각을 상대방에게 표현할 때 어떻게 하면 쉽게 이해시킬 수 있을까? 이는 면접자가 말을 어떻게 표현하느냐에 달려있다고 해도 과언이 아니다. 어떤 명제를 말할 때는 결론부터 말을 하고 결론이 도출된 과정을 풀어 주는 연역적인 방법과, 명제가 만들어진 과정을 하나하나 설명하면서 결론을 이끌어

내는 귀납적 방법이 있다. 연역적이나 귀납적으로 표현하지 않고 내용을 장황하게 왔다갔다 하는 식으로 표현하면, 평가관은 면접자가 말하는 줄거리를 바르게 이해할 수 없게 된다.

자신의 개성을 담아 표현하라

면접에서 자신의 개성을 담아 표현하는 것은 대단히 중요하다. 평가관은 면접자에 대하여 많은 것을 알고자 노력할 것이나, 시간 제약이나 객관성, 공정성을 들어 묻지 못하는 경우가 있다. 그러나 묻는 내용에 따라서는 자연스럽게 자신의 성격이나 인성, 창의성, 전문성 등을 나타낼 수 있으면 도움이 된다.

중복 표현은 피하라

면접관은 같은 내용을 두 번 질문하지는 않는다. 그런데 면접자는 같은 말을 두 번 하는 경우가 종종 있다. 이는 묻는 내용의 핵심을 잘 파악하지 못했기 때문에 나타나는 현상이다. 핵심을 잘 파악하는 경우에는 핵심 단어를 사용하여 답변할 수 있다. 그러나 묻는 내용에 대한 자료가 부족하면, "조금 전에 말한 바와 같이" 등의 거추장스러운 표현을 하게 된다.

제스처를 활용하라

상대방에게 공격적인 면을 보이거나, 위협적 제스처를 해서는 안 된다. 그러나 자신의 창의적이고 의욕적인 의견을 피력할 때에는, 작은 제스처를 사용해서 면접관에게 능력 있음을 보여 주고, 긍정적 이미지를 부각시킬 필요가 있다.

성공할 수 있다는 마인드 컨트롤이 필요하다

두려움과 소극적 자세는 면접에서 바람직한 태도가 아니다. 지망하는 대학이나 회사의 이미지 또는 면접 문항에 대하여 부정적인 생각을 가지고 있으면 표정으로 나타난다. 면접자가 지망하는 대학이나 회사에 합격하여 자아실현을 이루고, 꿈을 실현할 수 있다는 강한 의지를 갖추고 있음을 면접을 통하여 보여줄 필요가 있다.

질문의 핵심을 간파하라

요즘에는 자기소개서를 제출하라는 곳이 꽤 많다. 입학 사정관을 두어 학생을 전형하는 과학고나 외국어고등학교와 같은 특수목적고등학교에서도 '학습계획서'라는 이름으로 자기소개서를 받고 있으며, 대학이나 회사에서도 대부분 자기소개서를 받고 있다.

자기소개서를 작성할 때는 아무런 형식이나 틀을 주지 않고 작성해야 할 경우도 있지만, 대부분 5개나 6개 정도 묻는 문항을 주어 작성하는 경우가 많다. 이때 유의해야 할 사항은 묻는 내용에 정확한 답변 내용을 기재해야 한다는 것이다. 묻는 내용의 핵심을 간파하지 못하고 기재해서는 안 된다.

자기소개서는 독창적으로

대부분의 자기소개서는 첫 문항이 성장 과정에서 특이한 점을 기록하는 내용으로 되어 있다. 자신의 성장 과정이나 생각을 적어 내려가다 보면, 천편일률적인 내용이 되기 쉽다. 특이한 성장 과정을 거친 사람은 그리 많지 않기 때문이다. 그러나 역사에 기록된 한 줄에서 수십 회의 재미있는 사극을 만들어 내듯이, 오늘날 자신의 위치와 가치관을 갖게 한 결정적 포인트를 잡아 독창적으로 개성 있게 기록을 하면, 심사관이나 사정관의 눈에 띄는 독창적인 자기소개서가 될 것이다.

학력이나 경력 등은 크게 부각시키지 말고, 성장 배경이나 부모님의 영향, 가훈, 성격, 자신의 특기나 소질 등을 장점과 단점으로 구분하여 솔직하게 기재하는 것이 큰 도움이 될 수 있다.

지원하는 곳과 연결 지어 작성하라

자기소개서를 작성할 때 잊지 말아야 할 내용이 지원동기와 포부다. 지원하는 대학의 전공분야나 과의 특성에 맞게 지원동기를 서술하여야 한다. 특히 지원하려는 대학에는 교훈이나 건학 이념이 있게 마련인데, 총장님이나 회사 사장님의 말씀이 기록된 매체나 홈페이지에 탑재된 내용에서 정보를 얻을 수가 있다. 회사의 경우에는 회사의 설립 목적과 관련지어 서술하는 것이 좋다.

논리적인 문맥으로

자기소개서에서는 주장하는 내용이 논리 정연하여야 한다. 특별히 묻는 문항이 없을 때에는 성장 과정, 성격, 학창생활, 지원 동기, 입학이나 입사 후의 희망이나 포부 등을 차례로 기록하는 것이 좋다.

물론 기록하는 내용면에서는 강도나 비중을 달리해야 한다. 가장 크게 비중을 두어야 할 것은 지원 동기가 될 것이다. 왜냐하면 지원 동기는 자기소개서를 작성하게 되는 주원인이기 때문이다. 지원 동기 다음으로 비중을 두어야 할 것은 학창생활이나, 입학 또는 입사 후의 자기 계획과 포부가 될 것이다.

반복되면 역량이 부족해 보인다

아무리 좋은 스펙이라 하여도 여러 번 반복하여 표현하게 되면, 자신의 활동성과 역량이 부족함을 나타내는 결과만을 낳게 된다. 될 수 있으면 중복되는 말이나 내용의 표현은 자연스럽게 피하는 것이 좋다. 한 문항에 기록한 내용을 다른 문항에 반복하여 또 기록하면 안 된다.

학생들의 자기소개서를 읽어보면 경시대회에 좋은 점수를 얻었던 사실, 학생회장이나 부회장 등 학생회 간부 활동을 했던 경력, 남다른 현장체험이나 연수기회를 가졌던 내용을 집중적으로 반복하여 기재하는 경우가 많다. 경험상 비추어 보면, 묻는 항목마다 특별한 스펙을 반복하여 기록하였던 학생들은 좋은 결과가 나오지 않았던 기억이 있다.

지원하는 곳에 따라 다르게 작성하라

대부분의 학생들은 처음 지망하는 대학에 자기소개서를 작성할 때는 심혈을 기울여 작성한다. 그러나 2차, 3차 지망하는 대학에 제출하는 자기소개서는 몇 줄 고쳐서 제출하는 경우가 많다. 그러할 경우 자칫 큰 실수를 저지르게 된다. 사람이 실수하다 보면 잘못된 점이 눈에 보이지 않는 경우가 있다. 대학마다, 지망하는 과마다 특징이 있고, 지원하는 목적이 다른데 이를 생각하지 않고 제출할 수가 있기 때문이다.

똑같은 내용의 자기소개서를 여러 개 작성하여 잘못 사용할 경우 알맹이가 없는 소개서가 될 염려가 있으며, 자칫 다른 대학이나 회사의 특성을 기록하여 엉뚱한 곳에 제출할 수도 있다.

나만의 개성으로 차별화하라

이 세상에 인간이 만든 제품은 참으로 많지만, 인간이 만든 제품이라도 이 세상에 단 하나뿐이라면 그 제품 값은 비싸고 귀하다. 하물며 하늘의 뜻으로 태어난 인간은 70억 명 중에 자신 한 명뿐이다. 참으로 귀한 존재라고 말할 수 있다. 다른 사람과는 다른 면이 분명히 있다. 자신만의 개성과 특성을 잘 표현하여야 한다. 사정관에게 기억에 남는 단어를 사용하여 기록하는 것이 좋다. 그뿐만 아니라 대학 입학 후에 공부하고 싶은 영역이나 회사에 입사한 후에 관심분야를 상세하게 표현하면 더욱 좋다.

지나침은 부족함만 못하다

대학 입학이나 회사에 입사한 후에 반드시 필요한 사항은 영어 회화 능력, 컴퓨터 활용능력, 전문분야의 실력 등이다. 이와 같은 능력은 어느 과나 어느 회사와 관계없이 공통적으로 필요한 사항이다. 만일 이와 같은 능력이 남보다 우수하고 탁월하다면 자신의 큰 장점이 될 수 있다. 이를 객관적이고 구체적으로 PR해야 한다. 하지만 지나치게 과장하는 것은 금물이다.

본인의 인성이나 성격을 표현할 때는 본인은 단점으로 생각되어도, 대학이나 회사 입장에서는 장점이 될 수도 있기 때문에 솔직하게 표현하고, 이를 극복하기 위한 자신의 노력을 밝혀주는 것이 좋다.

맞춤법 및 띄어쓰기는 바르게 해야 한다

자기소개서에서 오타가 나왔거나 맞춤법이나 띄어쓰기가 잘못되는 경우는 치명적인 실수가 된다. 자주 쓰는 맞춤법을 틀리게 되면 국어 실력을 의심받게 될뿐더러, 사정관이 소개서 자체를 읽기가 어려워지기 때문에, 기록한 내용이 아무리 좋아도 좋은 점수를 받기가 어려워진다.

그뿐만 아니라 사람이 찬찬하지 못하고, 경솔하게 보인다든지 진중하지 못한 인상을 줄 수도 있다는 점에 유의해야 한다.

여러 번 반복하여 수정 보완해야 한다

자기소개서를 작성할 때 의욕에 넘쳐 훌륭하게 작성하였다 하여도 다음날 보면 만족하지 못하는 경우가 많다. 충분한 시간을 갖고 미리 작성해 두는 것이 필요하며, 초고 작성 후 여러 번 반복해서 읽어 보고, 내용을 수정·보완하여 제출하는 것이 좋다.

자기소개서에 사용하는 단어는 학생들이 사용하는 단어로 명기하되, 부모님이나 교사가 읽어보고 단어나 문장을 수정하여 주는 것은 바람직하지 못하다.

03

집중력의 창

자신만의 학습법을 개발하라

　공부를 잘하는 학생은 무엇이 다를까? 무언가 남과 다르기에 공부를 잘하는 것이 아닐까? 우리나라의 학생이나 학부모들은 한 번씩 생각해 본 질문이다.

　시중에는 학습방법을 알려주는 책이 많이 출간되어 있다. 분명히 공부를 잘되게 하는 학습방법은 있다. 그러나 중요한 것은 이것이 참고는 되어도 별 의미가 없다는 것이다. 왜냐하면, 알고 있는 사항도 실천을 안 하면 아무 소용이 없기 때문이다.

　학교 현장에서 몇 년간의 수능 고득점자나 명문대학 합격자 및 미국 동부의 아이비리그 대학에 다니는 학생들에게 질문해 보면,

특별한 비결이 따로 있는 것이 아니라 학습에 대한 열정과 효율적인 학습방법과 실천에 있다고 한다.

학생들에게 질문하여 조사한 내용 중 학습에 대한 '열정'을 읽을 수 있는 내용을 정리해 보면 다음과 같다.

- 인생 전체를 놓고 볼 때 노력한 것에 비해 얻을 수 있는 것이 가장 많은 시기는 고등학교 시절이다.
- 공부에 대한 자신만의 성취동기부여를 찾는 것이 제일 중요하다.
- 부모님은 지켜만 보고 격려를 많이 해주셨던 것이 큰 힘이 되었다.
- 막연히 공부하는 것보다는 대학을 가야 하는 이유를 깨닫는 것이 중요하다.
- '4당當 5락落'이라는 말이 있지만, 이 말은 실제로 말이 안 된다. 4시간 자면 어차피 학교에서 수업시간에 졸게 되고 비몽사몽이 된다.
- 실제로 일과 중에서 학교에서 보내는 시간이 제일 길다. 이 긴 시간을 잘못 보내고 학원에 가서 공부한다는 것은 잘못된 짓이다.
- 잘 모르면 공부에 재미가 없지만, 어느 정도 알고 나면 재미가 붙는다. 잘 몰라도 최선을 다해 열심히 하다 보면 저절로 잘하게 된다.

- 공부한 것이 시험지에 출제되고, 그것의 정답을 맞힌 후 점수가 오를 때 희열과 성취감을 느꼈다.
- 어떤 과목이든 처음에는 어렵고 힘들지만, 그래도 노력하고 또 노력하면 쉬워지고 금방 따라갈 수 있었다.
- 내가 집에 있을 때 부모님은 뉴스 외에는 시청하지 않았고, 책 읽는 모습을 자주 보여 주셨다.
- 부모님께서는 공부하라는 잔소리하지 않으시고, 무한한 신뢰를 보내 주셨던 것이 큰 힘이 되었다.
- 하루에 7시간 정도로 충분히 수면을 취해주는 것이 입시에서 좋은 성적을 거두는 데 첫 번째 비결이었다.
- 미국 대학생 중 놀고 있는 애들은 한국보다 더 미친 듯이 놀고, 공부하는 애들은 한국보다 훨씬 더 열심히 한다. 그런데 특이한 점은 노는 애들에게 공부하라는 사람 없고, 공부하는 사람에게 쉬엄쉬엄하라고 충고하는 사람도 없다.

효율적인 '학습방법'과 '실천'에 대한 정리 내용은 다음과 같다.

- 못하는 과목은 양으로 승부하는 수밖에 없다. 시간을 많이 투자해야 한다.
- 고3 때보다 고2의 겨울방학이 더 중요한 시기이다.
- 한 곳에서만 공부하면 지루하므로 공부하는 장소를 오전과 오후로 변경할 필요가 있다.

- 선행학습을 하더라도 6개월 이상 앞서면 안 된다. 학교에서 선생님과 공부할 때 집중력이 떨어지기 때문이다.

- 입시에는 전략이 필요하며, 공부를 열심히 하는 것도 중요하지만, 입시 제도를 잘 파악하고 자신에게 유리한 방법을 공략하는 것이 중요하다.

- 수학만큼은 조기교육이 필요하다. 계산능력은 어렸을 때 생기기 때문이다.

- 독서는 창의력 신장에 중요하며, 독서습관은 어렸을 때 길러진다.

- 학교에서 시행한 토론 중심의 학습이 응용력과 이해의 폭을 넓히는 데 큰 도움이 되었다.

- 자기만의 독특한 암기 도구를 만들어 활용하면 도움이 된다. 예를 들면 A4 크기의 종이를 3회 접어 깨알같이 암기할 내용을 기록하여 암기한다든가, 중요 메모장 활용, Study Planner 활용, 오답 노트 활용, 연습장 활용, 노트에 암기 코너 만들어 활용, 스티커지 활용 등 다양하다.

- 야간학습활동 시간 활용 면에서도 본인에게 가장 피곤한 시간은 취침을 하고 새벽에 공부하는 방안도 습관을 들이기에 따라서는 효율성이 높다.

- 학습활동 순서 면에서는 하교 후에 숙제-교과서를 통한 복습-문제집 풀이-자기평가-오답 정리-예습 등으로 생각해 볼 수 있다.

- 수업시간에 지도교사의 설명을 들을 때 그 시간의 학습목표
  에 해당하는 중요한 사항은 반드시 교과 시간에 이해를 하
  고, 나머지 잡다한 사항은 복습을 통해 자기 것으로 만드는
  계획도 좋다.

정리만 잘해도 성적이 오른다

중학교를 다니던 시절 가을 어느 날.

운동장 청소를 하러 나온 우리는 떨어져 있는 플라타너스 나뭇잎을 보고 한숨을 푹푹 쉬고 있었다. 우리는 열심히 청소하기 시작하였다. 긴 나무막대로 낙엽을 어묵꼬치처럼 꾀는 녀석도 있었고, 열심히 빗자루로 쓸고 있는 녀석도 있었다. 청소도구가 학생 수보다 절대적으로 부족했기 때문이다. 그렇게 열심히 청소해서 모은 낙엽을 들것으로 퇴비장에 옮겨 버렸다. 운동장의 낙엽은 많이 줄어들었고, 빗자루에 쓸린 운동장의 하얀 모래가 멋있게 보였다. 그런데 문제는 쓸어도 또 쓸어도 계속 잎이 떨어진다는 것이다. 우리는 나무를 흔들어 떨어진 잎을 쓸어 모아 버리기도 하였다. 그렇게 부지런히 청소를 하다 보니 청소시간이 거의 끝날 무렵이 되었다. 우리는 낙엽을 수북하게 모아 놓고 퇴비장에 버리는 것을 서로 미루고 모두 교실로 들어가 버렸다.

종례시간에 선생님이 부르셨다.

"운동장 청소 당번 모두 앞으로 나와!"

"청소했어, 안 했어?"

"예, 했습니다."

"그런데 운동장에 낙엽이 왜 그렇게 많아?"

"낙엽이 계속 떨어져서 그렇습니다."

"아니야. 너희들 청소 안 했어. 엎드려뻗쳐."

딱! 딱!

우리 청소 당번 10명은 엉덩이를 맞으면서 후회를 하였다. 청소하는 과정도 중요하지만, 더 중요한 것은 모아 놓은 낙엽을 치우는 것인데, 그냥 모두 교실로 들어왔으니….

마지막 치우는 것을 서로 미루고 그냥 들어오는 통에 쓸어 모은 낙엽이 바람에 다 흩어져 버린 것이다. 청소를 하나 마나가 되어 버렸다.

'아! 마지막 정리, 유종의 미가 그래서 중요한 것이구나.'

엉덩이는 맞아서 쓰라렸지만, 중요한 교훈을 얻었다.

며칠 전 서울 상암 월드컵 경기장에서 이란과의 축구 평가전을 가졌다. 우리나라 선수들이 1:0으로 패했다. 공 점유율과 선수들의 주행거리가 이란보다 많았음에도 불구하고, 우리 선수들이 패하였다. 경기가 끝난 후 고트비 이란 감독이 한마디를 던졌다.

첫째, 한국 팀은 날카롭지만, 그것을 골로 연결할 수 있는 스트라이커가 필요하다.

둘째, 포지션을 바꾸면서 선수들이 이유 없이 많이 뛰게 되어 에너지를 낭비했다.

셋째, 한국이 공격할 때 뒤편 공간을 많이 허용하였다.

넷째, 기다려야 할 때도 있는데 그러하지 못했다.

즉 한마디로 과학적이고 효율적이고 능률적인 축구를 하지 못하고, 미련하게도 체력만 허비하였다는 뜻이다. 우리나라 축구는 결국 마지막 정리인 '골 결정력'이 약하다. 득점이 경기의 승패를 좌우하는 것처럼 우리 인생에서도 마지막 정리는 대단히 중요하다. 잘 뛰고도 질 수 있으며, 훌륭한 능력과 노력으로 잘 살 수 있음에도 불구하고, 결정적인 마무리를 잘못하여 인생을 실패로 결론을 낼 수도 있게 된다.

마지막 정리로 학습의 효율성을 올려라

학습활동에서도 정리는 대단히 중요하다. 학습활동도 수업시간은 수업시간대로, 자율학습시간에는 자율학습시간대로 메모장이나, Study Planner, 오답 노트, 학습일기, 연습장 활용 등을 통해서 정리를 잘하여야 하며, 오랫동안 기억될 수 있도록 반복 학습을 하여야 한다.

연습장을 활용하는 경우에는 버리지 말고, 책상 옆에 쌓아 놓아 자신의 흐트러지기 쉬운 마음의 다짐과 노력에 대한 실리를 챙기는 자기 자신의 통제 수단으로 활용하여야 한다. 연습장이 쌓이는 두께는 공부의 이력으로 나타나게 되고, 스스로 대견함과 자긍심을 높이는 동기가 되며, 연습장이 쌓인 높이를 보고서 그간의 노력이 억울해서라도 문제풀이를 포기할 수 없게 하는 마음의 다짐을 가지게 한다.

정리라는 것은 모든 활동에서 마지막 단계의 활동이다. 즉 결론을 도출하는 단계이다. 정리가 잘못되면 결과나 결론이 잘못 유도된다. 그러면 공부를 하는 사람은 정리를 어떻게 하는 것이 좋은

가? 본인이 공부하면서 만들어 내는 정리 방법이 가장 좋다. 그러나 다른 사람의 학습 내용 정리법을 들어볼 필요도 있다. 왜냐하면 자신의 정리법을 더욱 발전시킬 수 있기 때문이다. 자신의 정리 노트를 만들고 연필로 줄을 그어 가면서 지우고, 또다시 반복 학습을 통해 아는 것을 지우다 보면 모든 내용을 결국은 알게 된다.

인생에서도 과거를 반성하고 잘 정리하면서 산다면, 현재의 삶은 훨씬 기름질 것이고 미래는 걱정하지 않아도 될 것이다.

될 때까지 반복하라

"인생이란 원래 공평하지 못하다. 그런 현실에 대하여 불평할 생각을 하지 말고 받아들여라. 세상은 너 자신이 어떻게 생각하든 상관하지 않는다. 세상이 너희들한테 기대하는 것은 네가 스스로 만족하다고 느끼기 전에 무엇인가를 성취해서 보여줄 것을 기다리고 있다." 빌 게이츠가 미국의 마운틴 휘트니_{Mt.Whitney} 고등학교를 방문하여 학생들에게 한 연설 내용의 일부이다. 한 인간이 성장하면서 자기 정체성에 대하여 고민하고 갈등하는 정신적 고뇌와 생활하면서 부닥치게 되는 냉엄한 사회 현실을 너무나 적나라하게 표현한 말이다.

"학교 선생님이 까다롭다고 생각되거든 사회에 나와서 직장상사의 진짜 까다로운 맛을 한번 느껴봐라. 네가 네 인생을 망치고 있으면서 부모를 탓하지 마라. 불평만 일삼을 것이 아니라 잘못한 것에서 교훈을 얻어라. 인생은 학기처럼 구분되어 있지도 않고 여름방학이란 것은 아예 있지도 않다. 네가 스스로 알아서 하지 않으면 직장에서는 가르쳐 주지 않는다."

빌 게이츠는 학생들의 배움에 대한 피동적 태도를 경계하고, 자기 주도적이고 능동적으로 인생을 개척하라고 당부했다. 이어서 학생들에게 배움의 시기를 강조하고 한 가지에 집중하여 노력하면 반드시 성공하게 된다는 말도 잊지 않았다.

"공부밖에 할 줄 모르는 '바보'한테 잘 보여라. 사회에 나온 다음에는 아마 그 '바보' 밑에서 일하게 될지도 모른다."

　이 세상에 노는 것 빼놓고 힘 안 드는 것이 어디 있겠느냐마는 노는 것도 힘들 때가 있으니, 힘 안 드는 것은 아무것도 없다고 해도 과언이 아니다. 그러면 이 세상에서 가장 힘든 것은 무엇일까? 생각해 보면, 아직은 이 세상에 없는 것을 창조하는 것일 거라는 생각이 든다. 그다음은 남이 창조한 그것을 내 것으로 만드는 것이 아닐까? 머릿속에 기억시킨다든지, 손과 발에 익숙하게 한다든지. 내 머릿속에 기억시키는 일일 것이다. 머릿속에 기억시키는 일은 '공부'이겠고, 내 손과 발에 익숙하게 하는 것은 '훈련'일 것이다. '공부'나 '훈련' 모두 경쟁이라는 개념을 생각하면 모두 고달프고 어려운 일이다.

　꿈을 실현하고 자아실현을 이루기 위해서 많은 학생들이 역경을 극복하면서 공부나 훈련을 열심히 하고 있다. 꿈의 실현과 관련성이 없다면 공부나 훈련 모두 힘든 것이기에 하지 않으려는 경향이 클 것이고, 그러면 인류는 지금처럼 크게 발전하지 않았을 것이다.

　방법적인 면에서 좀 더 구체적으로 생각해 보자. 공부나 훈련을 잘하는 방법은 무엇일까? 잘하는 방법이 분명히 있을 것이다. 그것은 인내와 끈기를 가지고 부단히 노력하는 것이다. 크게 성공한 사람들을 보면, 초인적 인내를 가지고 연습을 하고 노력한 결과임을 보게 된다.

　밴쿠버 동계올림픽에서 금메달을 딴 피겨의 여왕 김연아 선수,

영국 맨체스터 유나이티드 축구팀에서 활약하는 평발의 박지성 선수, 베이징올림픽에서 금메달을 딴 마린보이 박태환 선수 등은 초인적인 노력의 결과로 값진 기록을 남기게 되었고, 불멸의 영웅으로 남게 되었다.

최선을 다하면 하늘도 돕는다

지금까지 인류의 발전에 크게 이바지한 몇몇 과학자들의 사례를 보아도 알 수 있다. 최선을 다하는 인내와 노력으로 인류에 큰 업적을 남긴 과학자가 많이 있다.

독일의 과학자 케큘레Friedrich August Kekule는 밤낮없이 연구에 몰두하던 중 어느 날 벽난로 옆에서 깜박 졸면서 꿈을 꾸었다. 꿈속에서 뱀 6마리가 서로 꼬리를 물고 공중으로 돌고 있는 것을 보았다. 졸음에서 깨어난 케큘레는 꿈에서 보았던 현상을 그림으로 그려 보았다. 6각형의 그림이 완성되었다. 이것이 오늘날의 벤젠구조식이다. 그 후에 벤젠의 구조식을 바탕으로 많은 물질이 합성되었고, 화학의 새로운 장이 열리게 되었다. 케큘레의 노력에 감동하여 신이 꿈속에서 지혜를 준 것이다.

열심히 노력하다 보면 실수 때문에 새로운 것을 발견한 과학자도 많이 있다. 다이너마이트를 개발한 알프레드 노벨Alfred Nobel도 실수로 인하여 책상 위에서 떨어진 니트로글리세린이 흘러 바닥의 규조토와 결합하면서 딱딱하게 굳는 데서 힌트를 얻어 안전한 다이너마이트를 개발하게 되었다.

페니실린을 발견한 영국의 미생물학자 플레밍Alexander Fleming도 배양기를 가지고 미생물 실험을 하던 중 실수로 뚜껑을 덮지 않은 배양기에 푸른곰팡이가 발생했음을 발견하였고, 푸른곰팡이 주위에는 다른 세균이 모두 사라진 것을 발견하면서 페니실린을 발견한 동기가 되었다.

미국의 찰스 굿이어Charles Goodyear도 실수로 생활에 편리한 고무를 발견하게 되었다. 고무나무에서 채취한 천연고무는 더운 날에는 이용할 수 없는 결점을 가지고 있었다. 그 결점을 보완하기 위해 고무에 황을 섞어 실험하던 중, 고무덩어리를 난로 위에 떨어뜨리는 실수를 범하게 되었다. 그러나 고무는 약간 그을리기만 하였을 뿐 녹지 않았다. 여기에서 힌트를 얻어 '가황법'이라는 현대의 고무 가공법을 개발하게 되었다.

열거한 몇 가지의 사례는 최선을 다해 열심히 노력하였기에 꿈속에서 또는 실수라는 과정을 통해 신이 준 선물이었다. 최선을 다해 노력하면 하늘도 감동한다.

대니얼 코일Daniel Coyle은 그의 저서 『탈렌트 코드』에서 르네상스 시대 이탈리아의 대표적인 예술가인 미켈란젤로에 대하여 기술했는데, 미켈란젤로는 훗날 이렇게 말했다고 적혀 있다. "내가 거장의 경지에 이르기 위해 얼마나 열심히 노력했는지 안다면 사람들은 별로 대단하게 여기지 않을 것이다."

학습활동도 마찬가지다. 하나의 단어를 암기하려 해도 처음에는 잘 외워지지 않는다. 그렇다고 포기하면 안 된다. 우리 뇌는 우선 학습하려는 내용에 적응 과정을 거치게 되는데, 내용 파악과 적응을 어느 정도 하면 자기 것으로 만들려는 지속적인 노력으로 인하여 결국은 암기가 된다. 이때 끈기와 집중력이 필요하다. IQ의 높고 낮음보다도 더욱 중요한 것이 '집중력'이다.

주의가 산만한 학생들은 집중력 훈련부터 해야 한다. 집중력 훈련은 잠시 명상에 잠겨본다든가, 목욕탕의 사우나실에서 한 가지 생각에 몰두하면서 참고 견디는 훈련을 해보든가, 좋아하는 노랫말을 제한된 시간에 암기해 보든가 등 생활 속에서 찾아 훈련할 수 있다.

학습활동에 집중하지 못하는 학생들은 공부하겠다고 책상 앞에 앉아도 다른 생각을 하기가 일쑤다. 여름철 더운 날씨에 공부를 하다가도 일어나서 날아다니는 파리를 잡기 위해 쫓아다니고, 모기를 잡으려 소동을 피우고, 냉장고에 보관된 시원한 음료나 아이스크림만을 생각하고, 컴퓨터의 게임만을 생각하게 된다. 그러하니 공부하고자 하는 내용은 기억시키기도 어렵고, 암기했더라도 쉽게 기억에서 사라질 것이다. 날아다니는 파리와 모기를 비롯한 학습에 방해되는 것은 사전에 파악하였어야 하고, 퇴치도 사전에 이루어졌어야 한다.

책을 펴고 의자에 앉았으면 집중하여 학습 내용에 몰두하여야 한다. 집중하는 태도가 습관화될 경우 학습효과 면에서는 시너지 효과를 낼 수 있기 때문이다.

처음 자전거를 배우는 사람이 넘어져도 계속 연습을 할 경우, 결국은 자전거를 자신도 모르게 타게 되는 이치와 같다. 탁구선수나 야구선수가 계속 연습에 연습을 거듭하면, 탁구공이나 야구공이 배구공처럼 크게 보여 잘 때릴 수 있게 되는 결과와 같다.

공부를 하든지, 훈련을 하든지 간에 힘들어도 반복하면, 자기 자신도 놀라워하는 좋은 결과를 얻을 수 있다.

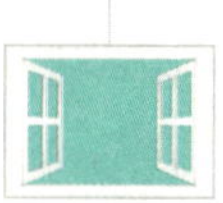

04
인성의 창

자기 자신을 사랑하라

이 세상은 '나'와 '남'이 존재한다. 이 두 개체 중에서 어디에 비중을 더 두느냐에 따라서 인간의 삶이 많이 달라진다. 나에게 좀 더 비중을 두고 살면 이기적인 삶이 될 것이고, 남에게 비중을 더 두고 살면 봉사적 삶이 될 것이다. 그런데 가만히 생각해 보면 나에게 비중을 두면 남은 볼 수 없어도, 남에게 비중을 두면 나를 볼 수 있다는 사실을 알 수 있다.

요즘 신문에 보도되는 기사를 보면, 대한민국 국민은 대부분 자기 자신에게 비중을 두고 사는 것 같다. 그러니 삶의 현장이 치열할 뿐만 아니라, 남을 속이고, 도둑질을 하고, 심지어는 피를 나눈 형제지간에도 죽기 살기로 법정투쟁을 벌이고 있는 것이 아닌

가. 우리 국민의 삶이 이처럼 여유가 없고 각박하게 된 것은 두 가지 요인 때문이 아닌가 싶다. 그중의 한 가지는 정신적인 면에서 오는 현상으로 나와 남을 동시에 생각하는 모범적인 삶의 가치관이 없는 데서 오는 현상이고, 다른 한 가지는 물질문화의 풍요 속에서 자신의 소외감이 빚어내는 현상 때문이 아닌가 생각된다.

우리나라는 오랜 역사를 가지고 있지만 그에 비해 국민에게 정신적으로 존경을 받을 만한 인물이 많지는 않았다. 정치, 경제, 사회, 문화, 종교, 과학, 예술, 체육 등 모든 분야에서 정신적으로 삶의 롤모델이 될 만한 인물이 많을수록 국민의 삶의 가치관은 바르게 정립된다. 그런 면에서 조금 아쉬운 점이 있다.

물질문화 측면에서는 세계적으로 유례를 찾아보기 힘들 정도로 짧은 기간 내에 산업화, 민주화를 이루면서 사회적으로 다양한 영역에서 개인차가 심화된 면이 있다. 생활문화나 소득에서 발생한 개인차는 개인적, 사회적 갈등을 초래하고 사람의 정서를 황폐화시켜 버린다. 특히 요즘같이 직업이 서로 얽혀있고, 국제화되어 있는 상태에서는 생산과 소비성향이 국가나 단위 사회에 제한되는 것이 아니라 국제화되어 있다. 따라서 갈등이나 문제점도 광역화되거나 국제화되어 버린다.

물질문화보다는 정신문화를 중요시하였던 우리 민족은 윗사람의 입장에서 볼 때 아랫사람의 도리를 강조해 온 우리의 선조들은 아랫사람의 운신 폭을 좁게 하여 힘들게 하였다. 이와 같은 상하 관념의 관계 설정은 인간관계를 삭막하게 만들었고, 남은 나를 괴롭히는 존재로 인식시켰다. 인간의 도리를 강조해온 우리의 전통과 문화적 틀은 결국 자연을 정복하여 물질문화의 풍요를 만든 서양문화의 틀에 영향을 많이 받았다. 물질문화의 확산은 인간의 기본욕구인 소유욕을 충족시키는 수단이기도 하다. 이런 욕구 충족은 우리 사회를 '나' 중심의 사회로 급격히 변화시키는 요인이 되고 있다. 특히 정치인들의 비합리적이고 비논리적인 '나' 중심의 행동은 자라나는 청소년에게는 대단히 나쁜 영향을 준다. 사용하는 언어, 남을 헐뜯고 비방하는 행위 등은 많은 사회적 파장을 낳고 있으며 권모술수가 정치의 특별한 기술이라도 되는 것처럼 횡행하고 있다. '저 사람도 과연 자녀를 키우는 사람일까?' 싶을 정도로 해악적 존재인 인물이 많다. 그런데 놀라운 것은 그런 언어와 행위 등을 언론매체들은 고스란히 국민에게 전달하고 있다는 것이다. 그러니 우리나라의 청소년은 날로 흉포화되고, 소위 사회 지도층이라고 하는 사람들로부터는 배울 것이 없어지고 있다. 날로 청소년 폭력이 늘어나는 데 일조를 하고 있을 뿐이다. 정치인이나 사회지도층이 국민을 보살피고 걱정하는 것이 아니라, 국민이 지도층을 걱정해야 하는 잘못된 이상한 사회가 되었다.

국민의 의식 속에 들어있는 물질만능주의도 한몫한다. 물질적 풍요를 누릴 준비는 되어 있는데 경제적 현실이 녹녹하지 않기 때문이다. 이러할 때 뒤따라오는 현상은 남을 속이고, 헐뜯고, 비난하는 이전투구泥田鬪狗가 속출한다. 철저한 '나' 중심의 사회가 되는 것이다.

부모는 자식의 거울이다

요즈음 교육기관은 상부 기관으로부터 거의 매일 학생폭력 관련 공문을 접하고 있다. 언어와, 폭력으로 남을 괴롭히는 학생들 때문이다. '나'와 공존하는 '남'을 제대로 이해하지 못하고 관계 설정을 잘못하는 데에서 발생하는 현상들이다. 어려움에 처해있는 남을 보면 측은하게 생각하고, 겸손해하여야 하며, 내가 잘못했을 때에는 부끄러워할 줄 아는 심성을 갖추어야 한다. 그러한 심성을 갖추고 있을 때 인성이 바르다고 말할 수 있다. 또한 나에 대해서는 옳고 그름의 가치판단을 잘할 수 있는 능력을 갖추어야 하며, 하는 일에 대해서는 자긍심을 가지고 도전할 줄 아는 진취적인 자세가 필요하다. 자기 자신도 사랑할 줄 모르는 사람은 절대로 남을 사랑할 수 없다. 남과 나의 차이점을 알아야 한다. 차이점이 없다면 개성 있는 성장이라고 말할 수 없다. 청소년 스스로는 물론이고, 주변에 있는 부모님이나 선생님도 대상 청소년을 남과 비교해서는 안 된다. 비교하면 어느 한쪽은 낮아지게 되는데, 낮아진 쪽의 청소년은 남에 대한 바른 인식을 갖기 어렵다.

청소년의 행동을 지배하는 가장 큰 요소는 무엇일까? 행동은 말과 손, 발로 나타난다. 많은 청소년 집단을 관찰해 보면 느낌상의 답을 얻을 수 있다. 청소년 대부분이 두뇌로 생각하고 그 생각을 행동으로 옮기는 비율보다 본능과 성장호르몬의 분비, 나쁜 습관에 의해 기계적으로 입과 손, 발을 움직이는 비율이 더 큰 것 같다.

교문이 바로 옆에 있는데 담을 뛰어넘고, 쓰레기통이 눈앞에 보이는데 음료수통을 둥근 향나무 틈 속에 집어넣고, 교실 바닥이나 계단에 침을 뱉고, 등하교 시에 운동화는 들고 실내화를 신고 가는 등의 행위가 다 여기에 해당한다. 본능과 성장호르몬의 분비, 가정교육의 부족에서 발생하는 나쁜 습관이 공격적 행동을 조장하고, 후천적으로 교육활동을 통해 얻는 바른 예절과 전통 관습, 사회질서를 교란하고 파괴하는 요소로 작용하고 있다.

부모가 게으르면 자녀도 당연히 게으르다. 운행 중 담배꽁초를 차창 밖으로 버리는 아버지에게는 그런 아들이 자라게 된다. 자녀가 학교폭력의 가해자가 되어 학교에 오는 부모님과 이야기를 하여보면, 자녀가 부모님의 영향을 절대적으로 받고 있음을 알 수 있다. 사용하는 언어 문제, 흡연 문제, 폭력 문제 등 하나라도 예외가 되는 것이 없다.

때로는 자녀를 엄격하게 키워야 한다. 떼를 쓴다고 모든 것을 다 들어주면 안 된다. 안 되는 것은 무슨 일이 있어도 안 된다는 생각을 자녀가 갖도록 키워야 한다. 보상할 때도 반드시 일에 대한 보상을 주어야 한다. 부모님의 일을 돕는다든가, 지시한 사항을 이행하였을 때 보상을 주어야 한다. 요행을 바라게 키워서는 안 된다. 거짓말을 할 때는 단호하게 교육하고 잘못된 점을 지적해 주어야 한다.

가정교육이 잘못된 일부 청소년이 잘못된 생각과 생활 습관으로 아름다운 우리의 전통예절과 관습을 지키지 않고 법질서를 파괴하고 있다. 평소 생활하는 모든 행동 가운데 진실성, 진정성이 없고 잘못된 행동으로 일관해 그릇된 관계를 형성하는 것이다. 이 모든 책임은 청소년을 바르게 지도하고 모범을 보여야 하는 어른들에게 있다.

가장 귀한 존재 '나'

신문이나 방송을 보면, 연일 각종 강력사건이 꼬리를 물고 일어나고 있다. 아무런 원한이나 이유 없이 길가는 여성에게 흉기를 휘둘러 결국 여성이 생명을 잃은 안타까운 사건이 있었다. 또 추석 명절을 이틀 앞두고 고등학교 중퇴생이 대낮에 초등학교 교실에 난입하여, 농기구를 이용해 초등학생들에게 무차별 폭력을 행사해 6명이 중태에 빠지는 사건이 일어났다. 이 고등학생은 심한 우울증과 자괴감에 빠진 학생으로 부유층이나 사회에 대하여 적대감을 가지고 있었던 것으로 알려졌다. 이러한 사건이 발생하는 근본 원인은 가정불화와 부모님과의 대화 단절, 부모님을 비롯한 어른들로부터 인정을 받지 못하는 데서 발생한다. 이로 인해 자신의 정체성 흔들림, 자괴감, 자긍심 부족, 우울증 등이 학교나 사회 부적응으로 나타나고 폭력으로 표출되고 있기 때문이다. 청소년기에 자기 정체성에 대한 고민은 누구에게나 나타난다. 그러한 고민은 나에게만 일어나거나 극복할 수 없는 불치병이 아니다. 자긍심과 자존감, 자신감을 통해서 얼마든지 극복할 수 있다.

이 세상에서 가장 비싼 자동차는 이탈리아산 페라리라고 알려져 있다. 한 대 값이 무려 422억 원이라고 한다. 그런데 만약 그 차를 운전하는 차주가 사고를 냈다고 하면, 수리비는 얼마나 나올까? 궁금증을 자아낸다. 또한 이 세상에서 가장 비싼 옷은 러시아산 세이블 모피코트라고 한다. 모피코트 하나 값이 2억 원이다. 자동차나 모피코트가 이렇게 비싼 이유는 단 2가지다. 이 세상에 단 하나뿐이라는 것과 아름답고 좋다는 것이다. 그러나 이런 물품은 결국 인간이 만들었다. 그렇다면 우리 인간은 어떠한가.

현재 지구의 인구는 70억 명이다. 그중에 자신과 똑같은 사람은 단 한 명도 없다. 일란성 쌍생아도 생김새와 성격이 유사할 뿐, 생각까지 일치하지는 않는다. 나는 이 세상에 단 한 명뿐인 존재다. 단 하나라는 것은 존재 자체만으로도 귀한 것이다. 자동차나 모피코트는 인간이 만든 피조물에 지나지 않는다. 그러나 우리 인간은 신神의 뜻에 따라 태어난 존엄한 존재다. 따라서 인간의 존재는 인간이 만든 그 어떤 것보다도 귀중하고 가치가 있다. 어린이나 청소년들이 자신의 존재를 부정한다는 것은 더욱 있을 수 없는 일이다. 자기 자신을 긍정적으로 생각하고, 생활 속에서 작은 성공의 경험을 축적하여 생활의 활력을 찾고, 무엇이든지 할 수 있다는 생각으로 개성을 신장하고, 자신의 가치를 높여야 한다.

바위틈에 뿌리를 박고, 밤이슬의 촉촉함으로 수분을 흡수하고, 공기 중의 분진이 쌓여 공급되는 양분으로 아름다운 자태를 보여주면서 청순한 솔잎을 움트게 하는 작은 소나무. 틈도 없는 바위에 붙어살면서 노란 예쁜 꽃잎을 만들어 내는 야생화. 이런 식물에 대해 사람들은 양분과 수분이 많은 좋은 조건에서 자란 그 어떤 소나무와 야생화보다도 아름답다고 생각한다. 사람도 마찬가

지다. 어려운 조건을 이겨내고 결실을 거둔 값진 성공일수록 우리
는 찬사를 보낸다.

　"높이 나는 새가 멀리 본다."라는 말이 있다. 미국의 비행사이며
작가인 리처드 바크Richard Bach의 소설 『갈매기의 꿈』에 나오는 말
이다. 늘 바닷가의 쓰레기 더미를 뒤지는 일과 고깃배 뒤만 졸졸
따라다니면서 매일 먹이만을 찾는 것 외엔 아무 희망도 가지지 못
했던 갈매기 조나단.

　조나단을 비롯한 갈매기들에게 가장 중요한 것은 오직 먹는 것
뿐이었다. 그러나 갈매기 조나단은 오직 먹기 위해 사는 생활이
싫었다. 그에게는 원대한 꿈이 있었는데, 바로 '더 높이 더 멀리
나는 것'이었다.

　그는 부모와 형제의 만류에도 집을 떠나 혼자 하늘을 나는 연습
을 계속했다. 결국, 그의 일탈된 행동으로 인해 조나단은 갈매기
의 무리에서 쫓겨났다. 그러나 조나단은 꿈의 실현을 위해 하늘
높이 날아오르는 훈련을 끊임없이 하게 된다. 마침내 그는 가장
높이 날 수 있는 갈매기가 되었다. 꿈과 희망을 이룬 것이다. 그의
꿈의 실현은 누구도 느끼지 못하는 행복으로 이어졌다.

　우리 주변에는 가정적으로나 경제적으로 어려움을 극복하는 청
소년이 참 많다. 어려움을 잘 극복하면서 자신의 꿈을 키워가는
청소년을 우리는 바위틈의 작은 소나무처럼, 야생화처럼, 꿈을 이
룬 갈매기 조나단처럼 귀하고 아름답다고 생각한다. 인간이 살아

가는 진정한 가치와 행복은 바로 이러한 곳에 있는 것이다.

우리 모두에게 주어지는 생활은 비슷하지만, 행복을 느끼는 것은 모두 다르다. 행복을 느끼는 것은 당사자의 생각과 선택에 달려있다. 행복하다고 생각하는 사람은 보이는 모든 것이 아름답고 희망적으로 보이지만, 불행하다고 생각하는 사람은 모든 것이 절망적이고 자신의 불행을 부채질하는 것으로만 보이게 된다.

감동받고 감사함을 느끼는 것도 일종의 습관이다. 교육을 통해 훈련할 수 있다. 좋은 환경과 바른 교육을 통해서 가치관이 바뀐 청소년은 온갖 어려움과 오염된 환경에 처한다 해도, 이를 모두 포용하고 정화하여 아름다움을 보여주는 넓은 바다처럼, 국가와 사회를 위해서 이바지하는 동량이 될 수 있는 잠재력을 갖고 있다. 청소년은 존재 그 자체만으로도 중요하고 가치가 있다.

진정한 성공의 의미

"부모는 멀리 보라하고, 학부모는 앞만 보라 합니다. 부모는 함께 가라 하고, 학부모는 앞서 가라 합니다. 부모는 꿈을 꾸라 하고, 학부모는 꿈을 꿀 시간을 주지 않습니다. 당신은 부모입니까? 학부모입니까? 부모의 모습으로 돌아가는 길, 참된 교육의 시작입니다."

라디오에서 흘러나오는 공익광고 내용이다. 가슴이 뜨끔하도록 훈계하는 내용이다. 자녀교육에 대해 한 번쯤은 생각해보게 한다. 부모는 자녀의 성공을 바란다. 또한 사람 속에 살아가면서 다른 사람 위에 군림하길 바란다. 그것을 대부분의 사람들은 '성공'이라고 생각한다.

부모는 자녀가 돈 또는 권력으로 다른 사람의 부러움을 사고 우러러보기를 바라고 있다. 다른 사람으로부터 얕보이는 것은 성공이라고 생각하지 않는다. 한 사람의 성공 척도를 다른 사람과 비교한 상대적 가치로 기준을 설정하기 때문이다. 그러니 그런 부모의 자녀에게는 자신의 삶이 없는 것이나 마찬가지다. 빈 껍질의 삶, 공허한 삶이 될 수밖에 없다. 위에서처럼 부모가 원하는 삶을 살게 되면 누구나 자신의 삶을 뒤돌아 볼 때 허망함을 느낀다. 그렇다면 진정으로 성공한 삶은 무엇일까? 성공적인 삶이 정말 행복한 삶으로 직결되는 것일까? 성공적인 삶이라는 가치 판정은 누가 하는 것일까? 자신, 아니면 남? 생각해 보면 자신이 할 수도 있고, 남이 할 수도 있을 것이다. 성공은 자신이 이룬 것이어야 하며, 행복의 가치가 내포되어 있는 것이 진정으로 성공한 삶이라고 할 수 있다.

무엇보다 성공적인 삶은 목표가 있어야 한다. 타당한 바른 목표를 이루었을 때 성공적인 삶이라고 표현할 수 있다. 그러나 행복한 삶은 행복 그 자체가 목표일 수 있다. 목표를 달성하여 성공적인 삶을 살고 있다 하여도 행복이라는 가치를 쟁취하였다고 보기는 어렵다. 성공적인 삶과 행복한 삶은 등식이 반드시 성립된다고는 볼 수 없기 때문이다.

행복이라는 종합적 가치는 우리 삶에서 항상 존재하는 절대적 가치다. 그렇다면 다시 위에서 열거한 것처럼, 라디오에 나오는 공익광고처럼 한 사람의 부모와 학부모는 왜 자녀에게 서로 정반대의 가치를 요구하는 것일까? 부모와 학부모의 존재가 다른가부터 알아야 할 것이다. 부모는 대중적이면서 추상적인 개념이고, 학부모는 실제로 존재하는 학생의 보호자 개념이다. 부모는 본인의 인생과 자녀의 인생을 섭렵한 지식과 경험을 충분히 가지고 있는 사람이고, 학부모는 원숙한 인생 경험이 부족할 뿐만 아니라, 눈앞에 펼쳐지는 치열한 경쟁으로 인해 자녀의 인생을 멀리 내다보지를 못하고 있다. 부모는 자녀의 성공을 내다보는 반면, 학부모는 자녀의 출세만을 기다리고 있다.

공익광고 내용은 그러한 학부모를 질타하는 내용을 포함한 것이다. 부모처럼 해야 한다는 의식을 바탕으로 학부모의 짧은 의식을 꾸짖는다.

학부모는 출세하면 행복은 저절로 주어진다고 생각하는 것일까? 아니면 행복의 가치보다 출세의 가치를 더 크게 보기 때문일까? 여기서 간과할 수 없는 사실이 있다. 바로 학부모가 자신의 자녀와 다른 학생을 한 줄로 세우고 있다는 것이다. 출세의 개념을 현재의 학교에서 주된 일과로 진행하고 있는 지식 위주의 학업에만 매달리고 있는 모습이다. 자녀의 타고난 소질과 특기를 무시하고, 무조건 학업적 소질만을 강조하고 있다. 성공을 통하여 행복을 쟁취하는 것은 타고난 소질과 능력, 흥미가 절대적인 영향을 미친다. 그러나 이를 무시하고 학업적 능력만을 강조하는 학부모의 의식은 잘못되어도 한참 잘못된 것이다.

이와 관련해 유명한 말이 있다. 1998년에 노벨 물리학상을 받은 후 우리나라에서 KAIST 총장을 지낸 로버트 러플린_{Robert B. Laughlin}이 한국의 교육 열풍을 보고 한 말이다.

"사회 전반의 발전은 머리 좋은 사람에 의해서가 아니라, 용기와 신념을 지닌 사람에 의해서 이루어진다."

미국에서 활약하는 야구선수 중 아시아 선수로서 승률 면에서 그 당시에 신기록을 수립한 박찬호, 골프선수로서 LPGA투어 명예의 전당에 입회한 박세리, 영국 맨체스터 유나이티드에서 맹활

약하였던 박지성, 세계의 빙상계를 제패한 김연아, 이들을 키운 힘은 부모의 힘일까, 학부모의 힘일까를 한번 생각해 보자.

우리나라의 학부모들은 앞서 예시한 성공한 사람들의 예를 잘 알고 있다. 알고 있으면서도 머릿속의 생각은 '부모'가 아닌 '학부모'의 관념에서 벗어나지 못하는 이유는 무엇일까? 너무나 먼 이야기이기 때문일까, 아니면 자신이 없어서일까?

아마도 학부모가 자녀를 너무 가까이에서 보고 있기 때문에 자녀 성장의 큰 틀을 보지 못하기 때문이 아닌가 생각된다. 혹은 자녀에게 성공이 아닌 출세만을 강요하기 때문이 아닌가도 생각된다.

성공적인 삶을 결정하는 '바른 인성'

"인성이 좋아야지. 공부만 잘하면 뭐해."

"공부도 좋지만 우선 사람이 되어야 하지."

"저 애는 착하기는 한데, 공부를 못해."

자조 섞인 말처럼 들릴지 모르지만, 우리가 흔히 사용하기도 하고 또한 주위에서 자주 들을 수 있는 말이다. 과연 인성과 학력은 대립하는 개념일까. 아니면 같은 개념일까?

학교에서 보면, 학생들을 직접 지도하고 계신 선생님들도 이 개념에 대하여 다양한 생각을 가지고 있음을 볼 수 있다. 그래서 선생님들의 생각이 얼마나 다양한지 직접 조사를 하여 보기로 하였다.

69명의 선생님을 대상으로 설문조사를 했다. 그 결과 '학력과 인성은 같은 개념이다'라고 생각하는 선생님이 36%, '학력과 인성은 다른 개념이다'라고 생각하는 선생님이 51%, 나머지 13%의 선생님은 '잘 모르겠다'를 선택하였다. 대부분 선생님들이 학력과 인성을 다른 개념으로 생각하고 있었다.

이 문제는 맹자의 4단설4端說에서도 거론된다. 4단설에는 인仁·의義·예禮·지智가 있다. 인仁은 측은지심惻隱之心, 의義는 수오지심羞惡之心, 예禮는 사양지심辭讓之心, 지智로는 시비지심是非之心을 말한다. 4단설에도 학력적 요소가 포함되어 있는데, 바로 의義와 지

智가 학력의 가치를 내포하고 있다. 여기에서 학력은 인성의 일부임을 나타낸다. 고민이 되는 이 문제를 쉽게 아는 방법이 있다. 그것은 인성의 구성요소를 열거하여 보고, 또한 학력에 영향을 주는 요소를 생각해보면 된다. 우선 인성의 구성요소는 정직성, 자주성, 근면성, 자율성, 사회성, 봉사심, 도전성, 정직성, 침착성, 청렴성, 겸손함, 판단력, 집중력, 책임감, 자긍심, 욕심, 오기傲氣, 근성, 호기심, 인내력, 의지력, 경솔함, 실천력, 배려심, 나눔 정신, 타인 존중, 친절함, 불평과 불만, 유머감각 등의 다양한 요소를 생각할 수 있다.

학력은 인성의 부분적 영역이다

이러한 인성 구성요소 중에는 학력에 영향을 미치는 요소도 있고, 학력과는 전혀 관계없는 요소도 있다. 학력 신장에 절대적으로 필요한 요소로는 근면성, 자주성, 자율성, 침착성, 집중력, 도전성, 책임감, 자긍심, 욕심, 호기심, 인내력, 의지력, 실천력, 판단력, 오기傲氣, 근성 등으로 자기 통제적 성격을 띠는 요소들이다.

학력에 영향을 주는 인성 영역은 인간관계에는 큰 영향을 주지 않고 자기 자신에게 내공을 불어넣는 정신 영역에 속하는 요소들이 많다. 그리고 나머지 요소들, 즉 정직성, 겸손함, 배려심, 나눔 정신, 타인 존중, 봉사심, 사회성, 친절함, 청렴성, 불평과 불만, 유머감각 등은 자기 자신뿐만 아니라 타인에게 영향을 많이 주어

상대방에게 자신의 이미지를 각인시키는 요소들로 작용한다.

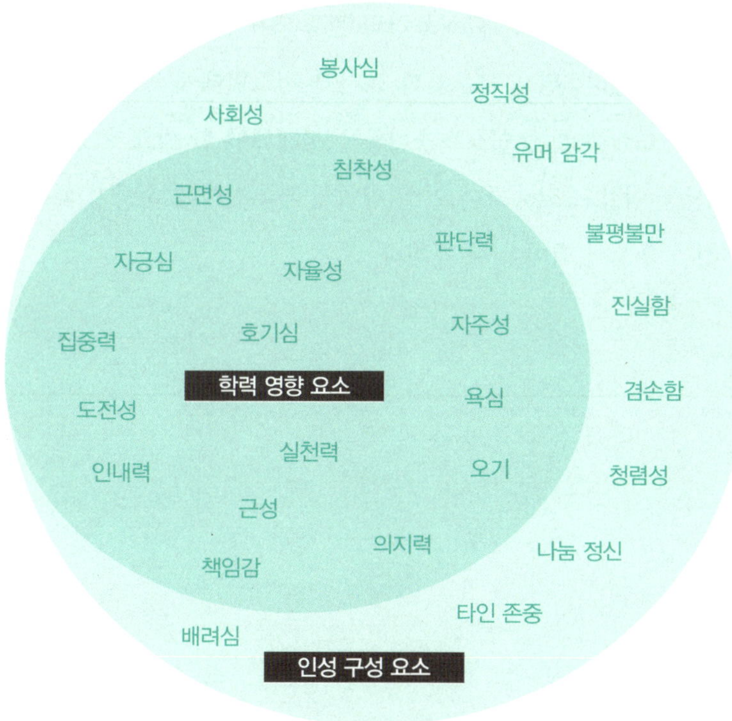

학력은 인성의 부분 영역

　우리가 일반적으로 말하는 인성이 좋고 나쁨을 말할 때는 후자
인 인간관계 인성humanity 요소를 주로 말하게 된다. 앞에서 언급
한 인성 영역은 선천적으로 타고나는 것도 있지만, 후천적으로 행
해지는 교육과 성장환경을 통해 함양되는 것도 있다. 대부분 학력
에 영향을 많이 주는 자기 통제적 인성요소는 선천적으로 타고나

는 경우가 많고, 인간관계에 필요한 인성요소는 후천적으로 성장 환경이나 교육을 통해 많이 길러진다고 볼 수 있다.

　요즘 대두되고 있는 학교폭력과 관련하여 실천중심 인성교육을 강조하고 있다. 평소 부모님과 교사가 청소년에게 잔소리가 아닌 감동과 느낌을 주는 인성교육활동을 전개해야 할 필요가 있다. 학력 신장 영향요소는 넓은 인성 영역의 부분집합에 속하기 때문에 인성이 우선시 되어야 할 것이다.

미래 지도자의 힘은 '봉사적 리더십과 창의성'

현대 생활에서 리더는 특정인만을 일컫는 말일까? 리더십은 리더에게만 필요한 기술일까?

잘 생각해 보면 꼭 그렇지만은 않다. 어느 조직이나 집단에 소속되어 있는 사람은 그 공간에서 일정한 업무를 수행한다. 이때 창의적으로 업무를 수행하고, 자신의 능력을 나타내면서 성과를 높여야 한다. 이것이 바로 현장 리더십이다.

학생 신분으로 반장이나 부반장 등 학급의 임원이 아니더라도 자신이 평소 독서를 하고 감명을 받은 도서가 있어서 다른 학생도 읽어보라는 의미로 교실의 학급문고로 비치해 놓는다면, 그 학생은 훌륭한 리더십을 발휘하고 있는 것이다. 또 다른 예로 평소 신문의 사설을 꼬박꼬박 읽는 학생이 자신이 읽은 사설을 학급에 게시하고, 평소에 교실의 더러운 곳을 스스로 깨끗이 하고 정리정돈에 앞장선다면, 그 학생도 훌륭한 리더십을 발휘하고 있는 학생이라 생각된다.

이처럼 리더십은 특정인에게만 요구되는 기술이 아니라, 가정생활이나 사회생활에서 모든 사람이 갖추어야 할 필수 요소다.

미국 최고의 리더십 전문가로 알려진 베니스W. Bennis는 리더십에 대해 '구성원들로 하여금 맡은 일을 열성적으로 실현하도록 이끌어 가는 기술'이라고 정의하고 있다. 리더는 조직운영에 대한 비전 제시, 조직원으로부터의 신뢰와 지지를 받을 수 있는 인격을 갖추어야 한다고 제시하고 있다. 특히 재능이 많은 학생은 장차 한 조직의 구성원을 이끌어가는 리더가 될 확률이 높으므로 솔선수범하는 창조적 리더십이 중요하다. 전문적 리더십을 배양하기 위해서는 기본적 생활가치와 생활 습관이 바르게 정착되어야 한다. 가장 기초적인 가치인 정직성과 성실성을 바탕으로 생활하여 자신의 내면화와 발전을 꾀함은 물론 남에게 신뢰를 주어야 한다.

그다음에는 자신의 특기와 소질 분야에서 남보다 나은 창의성을 발휘하여 전문적 실력을 쌓아야 한다. 그래야 존경의 대상이 될 수 있다. 존경과 동경의 대상이 된 후 상대를 배려하면 자연스레 자신도 배려를 받게 된다. 이와 같은 상태일 때 자신의 조직과 집단의 리더로 성장했다고 볼 수 있다.

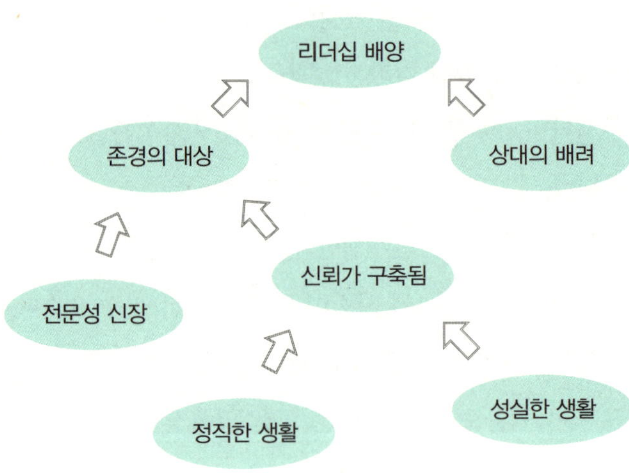

전문적 리더십 배양 방안

집단의 리더가 되면 구성원에게 비전을 제시하고 조직의 인화를 도모하여 업무의 효율성을 확보하고 성과를 높여야 한다. 여기서 잠재적 리더십 발휘가 직종에 따라 다르다는 연구 발표가 있어 흥미롭다. 서울대 리더십센터가 발표한 자료(연합뉴스 참조)를 보면 지식인은 공직에 적합하지 않다는 연구결과가 나와있다. 지식인은 상황 맥락 지능과 창조·혁신역량은 뛰어나지만, 인내심이나 표현력, 공공성 등에서는 정치인이나 최고경영자, 비정부기구 활동가에 비해 리더십이 많이 낮았다. 이에 비해 관료들은 다양성, 상상력, 변화관리 능력 등은 낮지만, 위기 상황에 동요하지 않고 초연하게 대처하는 능력, 정책 수립 능력, 미래 지향성 등에서 높은 점수를 받았다.

대학생들에 대한 리더십 조사 결과도 발표하였는데, 이공계열의 학생들이 인문사회계열의 학생들보다 높았다. 이공계열의 학생은 의사소통 능력과 자신감, 설득력, 협상력 등이 뛰어났지만, 희생정신이 부족하였다. 반면, 인문사회계열의 학생은 도덕성과 조직 적응력, 정책 수립 능력은 높았지만, 전문지식과 변화관리능력이 낮았다. 이는 타고난 개성과 소질, 종사하는 일에 따라 리더십에 변화가 있음을 보여주는 연구라 생각된다.

언젠가 스웨덴의 기업가인 발렌베리Wallenberg가 한 말을 〈조선일보〉에서 기사화하였기에 감명 깊게 읽은 기억이 난다.

"선장이 우선이고 배는 그다음이다. 아무리 엉망인 기업도 CEO가 유능하면 살려낼 수 있다."

기사의 내용에는 성공한 리더들이 공통적으로 내세우는 덕목으로 자기 확신Conviction, 소통과 연결Connect, 기민한 변화Change임을 알 수 있었다. 여기서 '자기 확신'이란 자신의 성공에 대한 강한 믿음과 열정을 의미하며, '소통과 연결'이란 고객이나 조직 구성원의 말을 경청하고 이를 경영에 반영하는 것을 말하며, '기민한 변화'는 열린 자세로 상황에 대처하고 변화를 주도하는 행위를 말한다.

이를 바탕으로 생각했을 때, 학생들의 학습에서도 학습의 성과를 극대화하고 리더십을 향상시키는 데는 3C(Conviction, Connect, Change)가 필요하다고 보인다. 반드시 할 수 있다는 자기 믿음과 열린 자세로 선생님과 소통하면서 의문점을 해결하고, 자기를 혁신하면서 발전적 변화를 추구할 때 자아실현은 한 단계씩 가까워질 것이다.

철강으로 모은 전 재산의 90%를 사회에 환원한 카네기Andrew Carnegie는 자신의 성공 비결을 "인재를 잘 등용하여 일을 하게 한 것에 있다."고 말을 하였다. 인재를 잘 등용하는 것은 CEO의 가장 큰 덕목 중에 하나인 것이다. 카네기의 리더십에서 눈여겨볼 내용은 다음과 같다.

- 시련을 당하면 웃어라.
- 기회 앞에서 절박하라.

- 배움을 탐내라.
- 기회는 자신이 만들어 가는 것이다.

33세에 백만장자가 된 록펠러John D. Rockefeller 역시 의사로부터 불치병 진단을 받고 인생의 전환점을 맞았다고 한다. 병원 현관에 있는 '주는 자가 받는 자보다 복이 있다'는 표어를 보고, 감명을 받아 많은 사람을 돌보고 보살피는 삶을 살게 된 것이다. 그가 불치병 판정을 받은 것은 55세였다. 그러나 98세까지 나눔의 삶과 선한 일을 하면서 행복하게 살다가 세상을 떠났다. 세상을 떠날 때 그는 다음과 같은 말을 남겼다고 한다.

"인생 전반기인 55년은 쫓기며 살았지만, 후반기 43년은 행복하게 살았습니다."

산책로에서 인생을 묻다

오늘은 다른 날보다 조금 일찍 퇴근하기로 하였다. 집에 수리를 할 부분이 있어서 평소에도 늘 마음 한구석이 꺼림칙하였다. 낮의 길이가 가장 길다는 하지夏至라 그런지 저녁인데도 아직 햇살이 따갑다.

집에 도착하여 창틀을 간단하게 수리하고 걷기로 마음을 먹었다. 저녁 식사를 마친 후 가벼운 복장으로 산책로에 도착하여 빠른 걸음으로 막 걸으려는 순간, 한 녀석이 내 옆으로 다가와서 같이 보조를 맞춰 걷는 게 아닌가. 내가 빨리 걸으면 녀석도 빨리 걷고 느리게 걸으면 느리게 걸었다. 한 30m쯤 걸었을 때 내가 말문을 열었다.

"너는 중학생이냐? 고등학생이냐?"

"예, 저는 고등학교 2학년 학생입니다. 할아버지, 할아버지께 여쭤 볼 게 있는데요. 인생은 무엇인가요?"

"인생이란 인간이 행복을 추구해 가면서 살아가는 하나의 삶의 과정이라고 볼 수 있지. 행복을 추구하는 방법은 사람마다 다르지만, 방향은 같다고 봐야지."

"그럼 할아버지, 어떻게 사는 것이 가장 멋진 삶인가요?"

"미래의 멋진 행복을 그려보면서 큰 꿈을 가지고 언제나 열심히 노력하면서 사는 삶이 가장 멋진 삶이지. 열심히 사는 그 자체가 아름다운 것이고 스스로 보람도 느낄 수 있거든."

"저는 미래에 큰 광고기획자가 되어 우리나라에 와서 멸시를 받
는 탈북청소년을 위해 싸울 거예요. 그리고 세상을 확 뒤집어 놓
을 거예요."

"세상을 뒤집어 놓아? 왜 그런 생각을 했지?"

"탈북청소년은 동남아에서 온 근로자보다도 더 냉대를 받는 것
같아요."

"나는 그렇게 생각 안 하는데…. 북에서 온 청소년 중에는 우리
대한민국의 자유민주주의와 시장경제를 이해하지 못하고 가만히
있어도 배급을 주는 것으로 생각하는 학생이 있어. 스스로의 인생
을 개척할 줄 모르고 현실에 안주하는 청소년이 있는데, 그런 청
소년은 고생을 좀 하겠지. 그러나 지혜롭게 생각하고 변화에 빠
르게 적응하는 청소년은 우리 대한민국에서 주위의 칭송을 받으
면서 잘 살고 있지 않은가? 그리고 세상은 아름다운 것이야. 나
쁜 뜻으로 세상을 뒤집는다는 생각을 하면 안 돼. 자신의 무능력
과 부적응, 게으름을 탓하지 않고 세상을 원망하는 사람이 있어.
그것은 잘못된 생각이야. 열심히 사는 사람에게는 세상은 참으로
아름답고 따뜻하단다. 주위를 자세히 보면 세상에 태어난 것을 행
복하게 여기는 사람이 많단다. 그런데 학생은 왜 나를 따라오면서
이런 질문을 하는 거지?"

"예, 저는 이 옆의 고등학교 2학년이고, 이름은 김민석(가명)이
며, 10단지에 살고 있습니다. 벤치에서 책을 보다가 할아버지가
지나가시는 것을 보고 대화가 될 것 같아 따라오게 된 것입니다."

"그런데 너 왜 자꾸 나를 '할아버지'라고 부르냐? 내가 '할아버지'로 보여?"

"아! 죄송합니다. 아저씨."

"그런데 지금 네가 다니는 학교에 불이 환하게 켜져 있는 것을 보면 다른 학생들은 학교에서 공부를 하는 것 같은데, 너는 왜 공부 안 하고 지금 나와 있는 거니?"

"예, 저는 인생이 도대체 무엇이고, 어떻게 사는 것이 잘 사는 것인지 궁금할 뿐만 아니라 공부가 잘 안되어 선생님께 말씀드리고 나왔습니다."

"그래? 공부는 힘이 들지. 대부분의 학생들은 가장 힘든 것이 공부라고 말을 하지. 그런데 대부분의 어른들은 다시 학창시절로 돌아갈 수만 있다면 정말 열심히 공부를 해보고 싶다고 말을 한단다. 네가 정말 훌륭한 광고기획자가 되려면 현재의 교과 공부를 열심히 해야 해. 너는 학교에서 공부하는 교과가 광고하고는 아무 관계가 없다고 생각하겠지만, 내가 볼 때는 안 그래. 학교 공부를 열심히 하여야 커서도 광고에 대한 지식과 기술을 익히게 되고 이해할 수가 있게 된단다. 비근한 예로 장래 판·검사가 꿈인 사람은 학교에서 수학·과학을 배울 필요가 없다고 생각을 하겠지만, 합리성 교과인 수학·과학을 배워야 머리에서 합리적이고 효율적인 생각을 하게 되어 판결과 판단을 잘할 수 있게 된단다. 최근 신문에서 매일 독서를 했더니 수능을 잘 보게 되더라는 어느 여학생의 기사도 읽은 적이 있지. 언뜻 생각할 때는 독서와 대입 수능시험

은 아무런 관계가 없는 것 같지? 하지만 독서와 공부는 모든 활동
을 하는 데 기본이 되는 능력을 신장시켜줘. 열심히 해야 한단
다."

"아저씨, 그러면 공부를 어떻게 해야 돼요?"

학생의 표정은 매우 밝았다.

"응? 즐겁게 해야지. 힘들게 하면 공부는 진짜 재미가 없어. 너
문제집에서 문제를 풀고 답을 맞혀보았을 때, 정답일 경우는 기분
이 어땠어?"

"좋았어요."

"바로 그거야. 그런 기쁨을 많이 가질수록 공부는 즐겁게 할 수
있어."

학생은 내가 말하는 골자를 노트에 열심히 메모까지 하면서 걷
고 있었다. 옷은 시원하게 입었는데 신발은 실내화를 신어서인지
철퍼덕거리면서 따라오는 모습이 우습기도 하였다. 그렇게 한참
을 이야기하다 보니 어느새 학생이 살고 있는 10단지 아파트 앞까
지 다가왔다.

"학생? 열심히 공부해서 꼭 꿈을 이루도록 해."

"아저씨. 말씀 감사합니다. 어디에 사시는 누구신지요?"

내가 어디서 살고 어디에서 일하고 있는지를 말하면 내일 학교
에 가서 친구들에게 이야기하고 떠들어 댈 것 같아 조금 걱정이
되었다.

"아저씨는 학생들에게 관심이 많은 사람이야. 학생을 만나 오늘

즐거웠어.”

학생은 악수를 청하고 나를 꼭 껴안아 주었다. 나도 살포시 껴안고 등을 두드려 주었다. 학생은 밝은 웃음을 지으면서 자신이 살고 있는 아파트로 사라졌다. 내 발걸음도 한결 가벼워졌다. 그리고 피식 웃음이 나왔다. 고등학교 시절에 자기 정체성을 확립하기 위해서 한 번쯤은 고민해보는 내용이었다. 그 시절에 이런저런 고민을 많이 했던 옛날의 내 모습이 생각났다.

“고 녀석 참!”

힘든 역경을 이겨낸 위인들

위인들은 태어날 때 선천적 재능을 가지고 태어난 사람이 많다. 그러나 선천적으로 타고난 재능이 없었음에도 불구하고 후천적으로 독서습관이나 부모의 교육을 잘 받아 훌륭한 업적을 남긴 사람도 적지 않다. 그중에 국내·외적으로 누구에게나 존경을 받는 몇 사람을 알아보기로 한다.

다산 정약용은 진주 목사를 지낸 정재원의 넷째 아들로 태어났다. 선천적으로 훌륭한 지능과 인성을 가지고 태어나 어려서부터 주위 사람들로부터 영특하다는 평을 많이 들었다. 4세 때 이미 천자문을 익혔고, 7세 때 한시를 지었으며, 10세 이전에 자신이 만든 시집을 완성하였다. 어려서 천연두를 앓게 되어 한쪽 눈썹에 그 자국이 남아 눈썹이 3갈래로 갈라졌다 하여 삼미三眉라 불렸고, 그의 큰형 정약현이 아우의 시집을 삼미집三眉集이라 이름 지었다.

어린 정약용은 아버지로부터 엄격한 교육을 받았다. 그런 연유로 10세 때 경제와 역사서적을 읽기 시작하였고, 15세 때에는 정통 유학자인 성호 이익 선생의 글을 읽었다. 벼슬길은 22세에 초시에 합격하면서부터 자신의 활동 영역을 넓혀나갔다. 추후 정약용은 실학을 집대성하였고, 토목과 과학, 의학, 문학 등 여러 방면에서 자신의 역량을 펼쳐 많은 업적을 남겼으며 오늘날에도 청렴한 목민관의 사표가 되고 있다.

　율곡이이는 사헌부 감찰을 지낸 이원수와 신사임당 사이에서 셋째 아들로 태어났다. 어려서부터 재능이 뛰어나 신동으로 불릴 정도였다. 책 읽기와 토론을 좋아했던 율곡은 13세에 진사시험에 합격하여 학문연마와 자신의 뜻을 펼칠 기회를 갖게 된다.

　율곡이이가 청소년기 때쯤 어머니 신사임당이 갑자기 돌아가시게 되었다. 이후 정신적 갈등과 방황을 겪으며, 한때는 불교에 심취되어 입산하기도 하였다. 그러나 그 후 문과의 초시初試, 복시覆試, 전시殿試 모두 장원으로 합격하였고, 또한 아홉 차례의 과거시험에 모두 장원으로 합격하여 구도장원공九度壯元公으로 불리기도 하였다. 그 후 율곡이이는 각종 제도의 개혁과 당파의 갈등 해소에 주력하면서 나라발전에 이바지하였다.

　퇴계 이황은 좌찬성을 지낸 이식의 7남 1녀 중 막내로 태어났다. 그러나 태어난 지 7개월 만에 아버지를 잃고 홀어머니 밑에서 자라게 된다. 숙부는 일찍이 이황의 총명함을 알아보고 글과 기초학문을 가르쳤고, 그 후에는 스스로 독서를 통해 시문詩文을 읽고 자기의 생각을 글로 표현하였다. 글 읽기만을 좋아하던 이황은 너무 공부에만 전념하여 점점 몸이 허약해졌고, 결국 많은 병을 얻게 되어 어려움을 겪기도 하였다.

　얼마 후 어머니의 소원에 따라 성균관에 들어가 공부를 하고 과거에 응시하여 급제하였다. 과거에 급제한 후에도 인종의 스승이었던 김인후나 김인후의 스승이었던 김안국 등을 만나 학식을 더욱 넓혀나갔다.

이황이 태어났을 당시에는 도학道學에 대한 깊이 있는 식견을 가지고 있던 인물이 그리 많지 않았다. 하지만 이황은 특별한 스승 없이 스스로 공부하고 터득하여 학문이나 인간의 삶의 도리에 대한 가치를 정립하고, 이를 후학들에게 전수해 주었다. 오늘날에도 이황의 철학적 가치와 학문적 깊이는 동·서양에서 존경과 칭송의 대상이 되고 있다.

위의 이야기처럼 우리나라의 뛰어난 성현들은 태어날 때 공통적으로 영특한 재능을 가지고 태어났으며, 독서를 생활화하는 습관과 인본주의적 천성을 가지고 있었다. 또한 스스로 열심히 공부하고 학문에 열정을 쏟았다. 하고자 하는 일에 강한 도전정신이 있었으며 창조적 활동이 활발하였다.

자신의 이러한 재능을 계발하고 학습에 대한 욕구를 충족하기 위해서는 부모님이나 주변 사람들로부터의 많은 도움을 필요로 하였다. 즉 타고난 선천적 재능과 후천적 성장환경이 훌륭한 인재를 육성하는 필수조건임을 알 수 있다.

위인들은 좋아서 하는 노력보다 즐기는 노력을 선택했다. 외국 위인의 사례를 보면 더욱 정확하게 알 수 있다. 많은 위인들 중에서 우여곡절이 많았던 뉴턴과 아인슈타인, 퀴리부인에 대하여 알아보기로 하자.

절대성이론을 주장한 뉴턴은 성장환경이 불우했던 과학자였고, 상대성이론을 완성한 아인슈타인은 성장기에 부모의 절대적인 도움을 받았던 과학자다. 퀴리부인도 방사성물질 연구와 라듐의 발견으로 두 번씩이나 노벨상을 받았지만, 어려서는 가난에 쪼들리면서 힘들게 공부한 입지전적 인물이다.

아이작 뉴턴Isaac Newton은 영국의 한적한 농촌에서 전통적으로 농업을 주업으로 하는 부모로부터 세상에 태어났다. 그러나 아버지는 뉴턴이 태어나기 전에 사망하였고, 홀로 남게 된 어머니는 뉴턴을 유복자로 낳아 3세 때까지는 지극정성을 다하여 키운다. 그러나 당시의 사회적 배경과 부유층의 하층 시민에 대한 바르지 못한 생활 습관 등으로 인해 곧 재혼하게 되고, 뉴턴은 외가로 보내어져 연로한 외조부모님의 도움을 받아 성장하게 된다.

이때 어린 뉴턴은 부모의 정도 받지 못하고 외로움을 겪으면서 자라게 되는데 평생 갖게 되는 마음의 상처를 이때에 입게 된다. 조부모님은 정을 주고 사랑스럽게 키우기보다는 엄격하게 대하면서 키웠다.

어려운 생활을 하고 있는 뉴턴에게 친구는 없었으며 늘 외톨이 생활의 연속이었다. 10세 때에는 연로했던 남편이 죽고 다시 홀로 된 어머니와 같이 생활한 적이 있었지만, 이때에 어머니는 뉴턴을 시골로 보내 농사짓는 법을 익히고 목장 일을 돕도록 하기 위해 학교를 중퇴시켰다.

시골로 보내어진 뉴턴은 들판에 나갈 때에도 책을 들고 나갔다. 목장 일에 관심이 없는 뉴턴에게 시킨 양을 몰고 지키는 일은 엉망이었다. 농촌 일에 관심과 소질이 없음을 알아챈 외삼촌의 권유로 뉴턴은 다시 공부를 계속할 수 있게 되었고, 그 후 열심히 공부하여 케임브리지대학에 입학하게 된다.

대학생활을 하던 중 영국에 페스트가 유행하여 대학은 휴교하게 되고, 뉴턴은 고향으로 돌아와 사색과 실험활동을 한다. 이 기간이 뉴턴에게는 위대한 과학자로서의 초석을 다지는 계기가 되었다. 이 기간에 뉴턴은 많은 사색과 기초실험 및 발명활동을 전개하였다. 다시 대학에 다니게 된 뉴턴은 대학생활을 모범적으로 했다. 당시 영예롭지는 못했지만, 신분상 하급대우를 받는 장학금을 받기도 하였다.

평생을 독신으로 보낸 뉴턴은 수학분야에서 미적분을 창시하였고, 물리 영역에서 만유인력의 법칙과 빛의 입자설 주장 등 광학과 역학의 체계를 확립하였다. 그 외에도 뉴턴은 수많은 연구를 계속하였으나, 1692년 뉴턴이 50세 되던 나이에 집에 화재가 발생하여 그동안 정리하였던 원고가 모두 소실되고 만다. 아마도 그 당시 화재가 발생하지 않았었더라면 현대과학은 많이 달라지지 않았을까 하는 생각이 든다.

알버트 아인슈타인 Albert Einstein은 1879년 독일의 유대인 가정에서 평범한 사업가의 아들로 태어났다. 어린 시절에는 발육이 늦고 세 살까지 말도 잘못해 부모는 저능아가 아닌지 의심하기도 하였다. 하지만 부모는 아인슈타인을 잘 키우기 위해 학교에 입학하기 전 바이올린을 교습시키기도 하였다.

7세 때에 학교에 입학을 시켰지만, 동작도 느리고 말도 어눌하여 지도교사로부터 '미래를 예측할 수 없는 문제아'로 지목되기도 하였다. 수학과 과학에는 흥미를 보였으나 지리나 역사 과목에서는 낙제점수를 받았다. 그뿐만이 아니라 학교의 획일적인 교육활동에 불만을 품고 선생님에게 예의 바르지 못한 무례한 행동을 많이 하여 선생님을 화나게도 하였다. 그럴 때마다 아인슈타인은 지도교사로부터 야단을 맞았으며 풀이 죽어 집에 돌아오곤 하였다. 늘 안타까운 모습을 지켜본 어머니는 그때마다 아들에게 용기를 불어넣어 주고 자긍심을 높여 주었다.

글을 잘 모르고 말을 잘 못한다고 학교에서 야단을 맞고 돌아오면 어머니는 "너는 말이 어눌한 것이 아니라 머리가 너무 좋아서 머릿속의 빠른 생각을 말로 담지 못하는 것뿐이다."라고 격려하였다. 말도 잘못하고 글도 잘 모르는 아이가 어머니와의 대화에서 천재로 돌변되는 반전의 순간이다.

어머니의 이러한 격려에도 불구하고 아인슈타인은 순탄하게 학교생활을 하지 못하고 끝내 중도에서 하차한다. 아인슈타인은 추후 취리히연방공과대학에 응시하였으나 실패하고 재수한 후 합격의 영예를 안는다. 하지만 대학 시절 지도교수로부터 '게으른 개'라는 명예스럽지 못한 별명을 듣게 되며, 졸업 후에는 스위스 특허국의 3급 기술시험사로 취업하여 일하게 되는데, 이때에 현대과학에 크나큰 영향을 주는 많은 논문을 발표하게 된다.

그 논문 중에는 노벨상을 받게 된 광전효과를 비롯하여 브라운운동, 특수상대성이론 등 현대과학의 금자탑으로 불릴만한 이론이 많았다.

뉴턴이 "시간과 공간은 분리되어 있고 절대적 가치를 지닌다."는 이론을 주장한 데 반해, 아인슈타인은 "내가 어떻게 운동하느냐에 따라서 공간은 수축되기도 하고 시간은 늘어나기도 한다."라고 말하였다.

24세에는 부모님의 반대에도 불구하고 결혼을 하였지만, 15년 만에 이혼을 하는 불행을 겪는다. 말년에는 미국으로 건너가 루스벨트 대통령에게 핵무기 개발을 부추기는 편지를 보냈다. 이 편지는 세계의 역사가 바뀌게 되는 단초가 된다. 편지를 받은 루즈벨트 대통령은 '맨해튼 프로젝트'를 수립하고 핵무기를 완성하게 된다. 핵무기는 결국 제2차 세계대전에서 최초로 일본에 투하하여 전쟁을 종식시키는 수단이 되었지만, 아인슈타인은 뒤늦게 후회를 하며 평화를 외치고 다녔다. 그러나 이미 핵무기는 개발되었고 오늘날에는 전 세계에 배치되어 엄청난 재앙으로 대두되고 있다.

아인슈타인의 성장기를 보면 선천적으로 천재적인 재능을 가지고 태어났지만, 제도권의 획일적인 교육활동에 적응하지 못해 많은 어려움을 겪었고, 큰 도움도 받지를 못하였다. 학교 교육으로 부터 겪는 갈등과 소외감을 가정에서 엄마가 충분히 보상해줌으로써 자긍심을 높이고 자신의 의지를 키울 수가 있었다.

안타까운 점은 아인슈타인에게 인성humanity, 즉 인본주의적 가치관이 충분히 함양되어 있었더라면 '역사는 또 어떻게 바뀌었을까?'를 생각해 본다.

마리 퀴리Marie Curie는 프랑스의 여성물리학자이자 화학자다. 퀴리에게는 '최초'라는 수식어가 항상 따라 붙는다. 최초의 여성노벨상수상자, 최초로 노벨상을 두 번이나 받은 과학자, 여성으로서 최초의 소르본대학교수 등.

마리 퀴리는 당시 러시아의 식민지였던 폴란드의 바르샤바에서 태어났다. 아버지는 중등학교의 물리 및 수학교사였다. 그러한 관계로 아버지로부터 수학과 물리에 대한 교육을 많이 받았다. 그러나 당시 러시아는 폴란드에 대하여 강력한 식민지 정책을 시행하였고, 언어도 러시아어를 사용하도록 강요하였다. 이에 대하여 반감을 품고 있던 퀴리의 아버지는 결국 교사직을 박탈당하게 된다. 아버지가 일자리를 잃게 되면서 가난한 생활은 시작되었고, 마리가 10세 때 어머니는 결핵으로 세상을 떠났다. 큰 언니도 장티푸스로 사망하였으며, 마리도 허약한 몸에 기관지염으로 고생하였다.

마리는 작은 무 하나로 끼니를 때우기 일쑤였다. 그러한 어려운 생활 속에서도 마리는 독서와 학습활동을 열심히 하여 고등학교를 최우수학생으로 졸업하였다. 하지만 가난한 집안 사정으로 대학진학은 엄두도 내지 못하였다. 생각한 끝에 마리는 작은 언니와 품앗이를 통한 배움을 갖기로 했다. 자신이 가정교사를 하여 언니를 뒷받침할 것이니, 언니도 대학을 졸업하면 자신을 도와달라는 것이었다. 언니와의 약속은 이행되었다.

마리는 5년간 가정교사를 하여 언니를 뒷받침하였고, 그 덕으로 마리의 작은 언니는 소르본대학에서 의학을 공부할 수 있었다. 마리도 나중에 언니의 도움을 받아 소르본대학에 진학하여 물리와 수학을 공부할 수 있었다. 이때 가난한 유학생활은 마리에게 또 다른 시련을 주었다. 굶주리고, 영양부족으로 병마에 시달리는 생활의 연속이었다. 하지만 가난도 마리의 의지를 꺾지는 못하였다.

대학을 졸업하면서 마리는 같은 이름을 가진 피에르 퀴리와 결혼을 하였다. 결혼 후에도 이들 부부는 연구 활동을 계속하여 1903년에는 방사성원소 라듐을 발견한 공로로 노벨물리학상을 받았다. 얼마 후 의지하였던 남편이 세상을 떠났다. 마리는 남편의 뒤를 이어 소르본대학의 최초 여성교수로 임용되었고, 1911년에는 라듐의 성질 및 그 화합물연구로 노벨화학상을 받았다.

마리 퀴리는 평생을 살면서 어린 시절에는 가난과의 싸움, 청소년기에는 학구에 대한 열정, 대학을 졸업한 후에는 방사성물질의 연구에 일생을 바쳤다. 어렸을 때에는 아버지가 교사직을 박탈당하고 러시아의 식민지로 각종 박해를 받으면서 시련을 겪었다. 결핵으로 어머니를 잃었지만, 좌절하지 않고 독서를 하면서 수학과

과학 분야에 대한 자신의 소질을 계발하여 세계 최고의 여성과학
자가 되었다.

　1934년, 활발하게 연구 활동에 몰두하던 마리의 건강이 극도로
안 좋아졌다. 어렸을 때의 영양 결핍과 허약체질, 오랫동안의 방
사성 물질연구로 인한 악성빈혈로 68세의 많지 않은 나이로 마리
는 조용히 눈을 감는다. 라듐의 발견과 방사성물질의 연구로 현대
과학에서 빼놓을 수 없는 새로운 과학 세계를 열어 놓은 마리 퀴
리의 위대함을 새삼 생각해 본다.

'칭찬은 고래도 춤추게 한다'라는 말이 있다. 칭찬과 격려는 남녀노소, 직위에 관계없이 생활에 양념이요, 비타민이다. 특히 성장하는 학생들에게는 칭찬은 바른생활습관형성과 학력신장의 지름길이다.

공부는 대단히 힘든 일 중의 하나이다. 정서적으로 인내심과 극기력이 부족한 학생들에게 칭찬은 커다란 에너지로 작용한다. 지속적으로 발전하는 학생들에게 칭찬은 시너지효과를 유발시킨다. 마라톤의 풀코스를 달리는 선수가 아무도 없는 시골길을 달릴 때 왠지 외로워 보이고, 많이 지쳐있는 모습을 종종 TV를 통해 많이 보아왔다. 하지만 도심지에 들어서면 연도에 많은 시민이 있어 박수와 환호를 보내게 되는데, 이때 선수는 표정이 밝아지면서 힘차게 달리는 모습을 종종 볼 수가 있었다.

제2장

가정 도우미의 역할

01. 부모와 소통의 창

02. 자율성 신장의 창

03. 바른생활 습관의 창

01

부모와 소통의 창

칭찬과 격려를 아끼지 마라

『명심보감』(추적 지음) 정기편正己篇에는 조선 중기 한문학의 대가인 신흠申欽이 검신편檢身篇에서 한 말을 이렇게 기술하고 있다.

'이불문인지비耳不聞人之非하고, 목불시인지단目不視人之短하고, 구불언인지과口不言人之過라야 서기군자庶幾君子니라.' 즉, '귀로는 남의 그릇됨을 듣지 말고, 눈으로는 남의 단점을 보지 말며, 입으로는 남의 허물을 말하지 말아야 군자에 가까우니라.'라는 뜻이다.

사람이 살다 보면 자기의 허물이 매일 나타날 것인데 어떻게 자기의 허물은 보지 않고 남의 허물만 볼 수 있겠느냐는 것이다. 인품을 갖춘 성실한 사람이라면 자기의 허물도 덮기 어려운데 남의 허물을 탓할 일이 아니라는 뜻이다. 남의 허물은 되도록 보지 말며 격려하고 칭찬하라는 의미가 내포되어 있다.

"칭찬은 고래도 춤추게 한다."라는 말이 있다. 칭찬과 격려는 남녀노소, 직위와 관계없이 생활에 양념이요, 비타민이다. 특히 성장하는 학생들에게는 칭찬은 바른 생활 습관형성과 학력 신장의 지름길이다. 공부는 대단히 힘든 일 중의 하나이다. 정서적으로 인내심과 극기력이 부족한 학생들에게 칭찬은 커다란 에너지로 작용한다. 지속적으로 발전하는 학생들에게 칭찬은 시너지효과를 유발시킨다. 마라톤의 풀코스를 달리는 선수가 아무도 없는 시골 길을 달릴 때 왠지 외로워 보이고, 많이 지쳐있는 모습을 종종 TV를 통해 많이 보아왔다. 하지만 도심지에 들어서면 연도에 많은 시민이 있어 박수와 환호를 보내게 되는데, 이때 선수는 표정이 밝아지면서 힘차게 달리는 모습을 종종 볼 수가 있었다.

칭찬은 이렇게 당사자의 몸속에서 새로운 에너지를 만드는 효과를 낸다. 칭찬을 받은 아이는 자기 자신에 대해서 긍정적으로 생각하게 되고, 타인에 의해서 인정을 받게 되니, 칭찬 한마디에 두 가지 효과를 보는 셈이다. 그러나 칭찬 일변도는 자칫 아이의 버릇을 나쁘게 만들 수도 있다. 칭찬과 격려에도 방법적인 면과 사용하는 언어에 따라서 많은 차이점을 나타내게 된다.

김상운은 그의 저서 『왓칭』에서 컬럼비아 대학의 드웩Carol S. Dweck 교수가 초등학교 학생 400여 명을 대상으로 연구한 내용을 다음과 같이 싣고 있다.

"넌 참 똑똑하구나!"

"넌 참 열심히 공부했구나!" 라고 칭찬한 후 쉬운 문제와 어려운 문제를 제시한 후 반응을 알아본 결과, 똑똑하다고 '지능'을 칭찬받은 학생은 대부분 쉬운 문제를 선택하였고, 열심히 공부하였다고 '노력'을 칭찬받은 학생의 90% 이상은 어려운 문제를 선택하였다는 것이다. 이처럼 칭찬과 격려는 그 정도에 따라 반응에 큰 변화를 나타내게 된다. 또한, 칭찬과 징계는 조화를 잘 이루어야 한다. 잘못했을 때에는 잘못한 점을 지적하고 바르게 가르쳐 주어야 한다. 아이가 어렸을 때 떼를 쓴다든가, 바른 지도 방법에도 불구하고 순응하지 않는다면 적절한 징계가 필요하다. 칭찬과 격려하는 마음은 몸과 마음에 습관이 되어야 한다. 습관이 되어 있지 않은 사람은 아무리 감사한 일이 있어도 절대로 남을 칭찬하지 않는다. 당연시하기 때문이다.

칭찬과 격려를 습관화시키기 위해서는 어렸을 때부터 가정이나 학교 교육에서 지도가 이루어져야 한다. 작은 심부름을 하였을 때에도 "수고했다. 고마워!"라고 칭찬과 격려를 하여 자녀의 심정을 자극해 주어야 한다. 학교수업시간에도 선생님의 질문에 학생이 답변을 잘했을 경우에 "잘 말했어!", "길동이 잘 알고 있구나!" 등으로 칭찬할 필요가 있다.

요즈음 부모님들은 칭찬과 격려는 고사하고 자녀와 대화할 시간을 찾기도 힘들다고 말을 한다. 대화하기 힘든 가장 큰 이유는 자녀의 대화 기피와 부모님의 바쁜 직업생활 때문이다. 그러나 대화의 시간은 부모님이 만들어야 한다. 대화의 시간이 만들어지면, 맨 처음에는 자녀가 좋아하는 스타일로 분위기를 조성하고, 그다음에는 자녀가 말을 할 수 있도록 유도하고 들어주며, 마지막으로 대화를 끝맺을 때에는 자녀가 깜짝 놀랄 정도의 정보제공이나 당근을 제시한 후 격려하고 칭찬으로 마무리를 해야 한다. 그렇지 않고 자녀와 대화를 하면서 자녀의 말을 듣는 시간보다 부모님이 말하는 시간이 더 많게 되면 자녀들은 이것을 또 야단맞는 시간이나 잔소리 시간으로 생각하게 되므로 유의하여야 한다.

나이가 많아질수록 칭찬과 격려는 더욱 듣기가 어려워진다. 칭찬을 듣기보다는 오히려 남을 칭찬해야 할 경우가 더 많다. 하지만 지금도 칭찬하는 사람의 나이와 신분에 관계없이, 때와 장소에 상관없이 좋은 말을 들으면 왠지 기분 좋아지니, 이것이 바로 칭찬의 힘이라 생각된다.

그깟 깜부기는 네가 안 뽑아도 된다

우리 집안은 전통적으로 농사를 지어왔다. 농사처가 그리 많지는 않았지만, 아버지는 식구들에게 보리밥이 아닌 쌀밥을 먹이려고 얼마 되지 않는 밭을 논으로 개조하셨고, 아버지의 그러하신 노력으로 우리 다섯 남매는 60년대, 70년대 보릿고개의 큰 타격을 받지는 않았다. 농사처가 많아서가 아니라, 얼마 되지 않는 농사처를 논으로 개조하신 아버지의 노력 덕분이었다.

아버지는 목수 일을 하시던 할아버지의 재능을 받아서인지 농기구를 잘 만드셨고, 고장이 나면 손수 수리하여 사용하셨다. 어머니는 학문적 소양을 많이 가지고 계셨던 외할아버지의 유전적 영향을 받아서인지, 아니면 농사일이 힘이 드셔서인지 자녀에게 공부를 잘했으면 하는 소망을 잊지 않으셨다.

신작로 옆에 작은 보리밭을 맬 즈음이면, 나는 학교에서 돌아와 어머니가 풀을 뽑는 보리밭을 앞질러 가면서 잡초인 깜부기를 뽑았다. 그놈의 깜부기는 보리처럼 생긴 줄기와 잎에 보리는 안 생기고, 새까만 밀가루처럼 생긴 것이 덩이로 붙어 있어 보리농사를 망치는 요인이 되었다. 보리밭에 깜부기는 참 많이 생겼었다. 한 주먹을 뽑아 신작로에 버리고 다시 뽑기를 반복했다. 나는 나름대로 착한 일을 한다고 열심히 어머니 일을 거들어 드렸다. 그때에 어머니는 마음속에 간직하고 계셨던 말씀을 하셨다.

"네가 공부만 열심히 하면 그깟 깜부기는 안 뽑아도 된다."

"집에 가서 공부나 좀 열심히 해라!"

농촌에서 살았지만 지금 생각해 보면, 어머니는 자녀의 공부에 대한 열망을 많이 가지고 계셨던 것 같다.

어렸을 때에는 매일매일 기다려졌던 시간들이 있었다. 그중에 하나는 광주리에 새우젓과 멸치를 가지고 다니면서 팔던 새우젓 장수가 오는 시간이고, 또 하나는 아이스케이크 장수가 나타나는 시간, 마지막 하나는 종조할아버지가 오시는 날이었다. 새우젓 장수 아주머니가 나타나면 "오늘은 저녁을 잘 먹겠구나!" 하는 생각을 했다. 새우젓 장수는 한마디로 우리들에게 단백질을 공급하는 천사였다.

무더운 여름철, 맘껏 뛰어놀고 나면 갈증이 혀끝까지 차오른다. 이쯤 되면 생각나는 곳이 있다. 한 곳은 저수지요, 다른 하나는 아이스케이크 장수였다.

"아이~스 께~끼!"

얼음장수 목소리가 들리면 아이들은 집으로 달려가서 무엇인가 한 가지씩 들고 나왔다. 돈을 가지고 나오는 친구, 마늘을 두세 뿌리 들고 나오는 친구, 곡식을 들고 나오는 친구 등 다양했다. 부모님에게 야단을 맞으면서도 오로지 아이스케이크를 먹고 싶은 마음뿐이었다. 달콤하고 시원한 아이스케이크 하나를 사면 무더운 여름철 한낮의 시간을 즐겁게 보낼 수 있었다. 그 무거운 아이스케이크 통에 줄을 매어 어깨에 메고 다니던 얼음장수와 찌그러진

양은 그릇, 낡은 고무신, 쟁기에 붙여 사용하던 보습 깨진 것 등의 고물을 가져와 엿과 바꿔 먹던 엿장수가 어려웠던 한 시대의 풍속 도였다.

우리 형제들의 이름을 지어주셨던 종조할아버지는 가끔씩 당신 조카들의 집을 방문하셨다. 종조할아버지가 방문하시는 날이 은근히 기다려지는 이유가 있었다. 할아버지가 오시는 날에는 어머니가 밥을 지을 때 쌀을 많이 넣으셨고, 꽁치 반찬과 달걀찜에 맛있는 국까지 끓여 상을 차리셨다.

어머니는 부엌에서 우리에게 단단히 교육하셨다. 할아버지가 숟가락을 들기 전에는 절대로 먼저 숟가락을 들지 말 것이며, '쩝쩝' 거리면서 식사를 하지 말 것이며, 할아버지가 드셔야 할 맛있는 반찬을 너희들이 먹으면 안 된다는 말씀이셨다. 밥을 먹기 전에 가정교육을 다 하셨다. 식사 중에는 할아버지를 중심으로 칭찬과 격려를 아끼지 않으셨다. 이렇게 다정한 식사를 하면서 칭찬, 격려와 함께 분발을 당부하는 교육이 소위 '밥상머리교육'이다. 그러나 요새 대부분의 가정에서는 부모나 자녀가 모두 바쁘게 살기 때문에 몇 안 되는 가족이지만 식사를 같이하는 경우가 많지 않다. 그뿐 아니라 밥상머리에서 자녀를 격려하거나 칭찬할 마음의 여유를 가지지 못하며 살고 있다. 많은 수의 학부모는 가정에서 못하는 교육을 그나마 선생님 말씀은 그래도 조금 들으니 학교에서 해주었으면 하고 바라고 있기도 하다.

학교에서 중식을 제공하고 부모가 해야 할 기본예절과 생활 습관교육까지 학교에서 실시할 경우 부모와 자녀의 대화와 소통의 기회는 점점 더 사라진다. 이 경우 자녀에게 나타나는 문제점은 결국 사회문제로 대두되어 사회의 가치관과 기본질서가 흔들리는 악영향을 미치게 된다. 가정교육은 참으로 중요한 기본 교육 중의 하나이다.

가정에서 부모가 자녀를 대하는 태도는 자녀의 성격 형성에도 큰 영향을 미치게 되는데 미국의 심리학자인 바움린드Diana Baumrind는 부모의 자녀에 대한 태도를 4가지 유형으로 분류하였다.

첫째, '허용적 부모' 타입이다. 이는 자녀에 대하여 온정적이고 비지배적이며 모든 의사 결정을 자녀에게 맡긴다. 자녀가 약간의 잘못을 저질러도 자녀에게 벌을 주지 않으며 잘 참는다. 부모가 자녀에게 모든 면을 허용적으로 보일 때 자녀는 아동기에는 충동적이거나 반항적으로 변할 수 있으며 의존적이게 된다. 청소년기에는 자기통제능력이 부족하게 되고 학업성취도가 낮아진다.

둘째, '권위 있는 부모' 타입이다. 권위 있는 부모는 '권위적인 부모'와는 다르다. 권위적인 부모는 부모가 자녀에 대한 통제와 요구수준이 높아 자녀가 대단히 힘들어한다. 심리적으로 자녀는 권위적인 부모를 존경하지 않으며 강압 때문에 따를 뿐이다. 권위적인 부모의 가정에서는 자녀의 자율성과 자주성에 심대한 피해를 입게 되어 성장에 어려움을 겪게 된다. 그러나 '권위 있는 부모'

의 경우에는 상황에 따라서는 자녀에게 엄격한 통제와 요구를 하지만 자녀에게 불만의 요소는 남겨주지 않는다. 때로는 자녀에게 애정을 표현하며 민주적 절차에 의해 자녀의 의견을 수렴한다. 온정적으로 자녀와 대화와 소통을 하고 자녀의 자율성을 인정해준다. 이런 경우에는 자녀에게 생기가 있고 매사 의욕적이며 자존감이 높고 자기 통제를 잘한다. 또한, 기본예절과 생활 습관이 바르고 학업성취도가 높다.

셋째, '무관심한 부모' 타입이다. 이 경우는 부모가 자녀에게 관심이 없기 때문에 자녀 또한 소속감을 느끼지 못한다. 그 폐단으로 정서적인 문제점이 발생하며, 상대방에 대하여 공격적이고 해악적인 존재로 행동을 표출한다. 특히, 행동력이 강한 청소년기에는 자기 통제력이 부족하여서 폭력에 연루되거나 큰 사회문제를 일으킬 가능성도 크다.

마지막으로 '독재적 부모' 타입이다. 이 경우에는 자녀에게 애정을 보이지 않으면서 통제와 요구를 많이 하기 때문에 자녀에게 불만을 일으키고, 욕구가 좌절됐을 때에는 적대적 관계로 변할 수 있다.

가장 이상적인 자녀 양육태도는 상황에 따라 '권위 있는 부모' 타입과 '허용적 부모' 타입을 적절히 섞어가면서 자녀를 양육하는 것이다. 그럴 때만이 자녀의 성격적인 면이나 행동발달 상에 장애 없이 잘 성장할 수 있을 것이다.

부모와 대화를 자주 하고 소통의 기회를 많이 가진 아이와 그렇지 못한 아이는 차이점이 많다.

차이점을 열거해 보면 다음과 같다.

부모와 소통을 자주 하는 아이

- 부모의 생각을 잘 이해한다.
- 타인의 생각을 잘 이해하고 타협을 잘한다.
- 사회질서와 규율을 잘 지킨다.
- 부모의 기대를 저버리지 않는다.
- 스스로 자기 통제를 잘하며 꿈을 키운다.

부모와 소통을 잘하지 못하는 아이

- 타인의 생각을 잘 이해하지 못하며 남과 타협할 줄을 모른다.
- 자신의 생각을 남에게 잘 전달하지 못한다.
- 남을 배려하지 못하고 이기적으로 판단한다.
- 쉽게 상처를 받고 남에게 상처를 잘 준다.
- 품행에 장애가 오며 피해의식이 강하다.

버락 오바마 미국대통령의 자녀교육 지침

- 스스로 하는 힘을 강조한다.
- 긍정의 힘을 강조한다.
- 남과 타협할 줄 아는 아이로 가르친다.

- 다양한 분야를 가르쳐 가능성을 키운다.

- 다른 사람의 말에 귀를 기울이게 한다.

- 용돈을 일주일에 1달러만 준다.

- 무엇이든 다음날로 미루는 것은 금한다.

부모의 자녀교육 자료

- 거짓말을 해서는 안 되고 정직해야 하는 이유

  - 사람 사이의 인간관계는 신뢰가 중요하며 거짓말을 하여 한번 신뢰를 잃으면 다시는 신뢰를 얻기 어렵다.

  - 이 사회는 모든 것이 현실이지 거짓으로 이루어지는 것은 아무것도 없다.

  - 행복이라는 것은 거짓에 의해서 만들어지지는 않는다.

- 게으르지 말고 부지런해야 하는 이유

  - 자신의 꿈과 희망은 부지런해야 이룰 수 있다.

  - 이 세상에서 가난하게 사는 사람의 공통점은 게으르다는 점이다.

- 부모와 자녀와의 관계

  - 신은 부모님의 몸을 빌려 우리를 탄생시켰다. 이는 부모의 뜻이 아니라 신의 뜻이다. 만일 부모의 뜻대로 되었다면 이 세상에서 가장 예쁘고 재능 있는 자녀를 낳았을 것

이다.

- 따라서 만물의 영장인 인간의 탄생은 축복받아야 하며, 인간은 자신을 낳아주신 부모님을 공경해야 한다.
- 지금은 부모님의 도움을 받아 생활하지만, 부모님이 연세가 드시고 경제력이 없어지면 자녀가 부모님을 봉양해야 한다.

• 선생님과 학생의 관계
- 선생님은 미래의 주인공인 청소년의 꿈과 희망을 이룰 수 있도록 도와주는 안내자이다.
- 선생님은 청소년이 성장하여 이 사회에 잘 적응할 수 있도록 지식과 기술을 가르쳐주는 조력자다.
- 따라서 잘못된 길로 가는 학생들에 대해서는 호되게 꾸짖기도 하고 질책을 가하기도 한다. 그때 학생들은 그 가르침을 잘 받아들여 바른길로 가야 하며, 선생님을 미워하거나 반항을 해서는 안 된다. 왜냐하면, 선생님은 잘못된 행동을 미워하지 그 학생 자체를 미워하지는 않기 때문이다.

• 진정한 친구는 누구를 말하는가?
- 진정한 친구는 동료와 기쁨과 슬픔, 괴로움을 함께하면서 바른 생활을 할 때 친구라고 말한다.

- 동료와 나쁜 짓을 하고 다닐 경우 그 동료는 친구가 아니
라 '도당'이라고 말한다.

피그말리온 효과는 신화로만 그치지 않는다

"현웅아(가명), 축하해!"

"감사합니다."

현웅이는 1학기 7월 기말고사 학업성취도에서 5월 중간고사 때보다 수학 교과 학년석차가 무려 181등 향상되었다. 1,400명의 고등학생 중에서 가장 높은 향상을 보인 학생이었다. 당연히 '학업성취상' 시상식에서 학년대표자로 선발되어 수상하였다.

"현웅아, 10월에 수여하는 영어 과목에서도 좋은 성과가 있기를 기대할게."

"예."

현웅이는 우리 학교 2학년 학생이다. 가정형편이 그리 넉넉하지 않은 학생이다. 가족은 엄마와 중학교 3학년에 다니는 여동생뿐이다. 현웅이가 초등학교 저학년이었을 때 엄마와 아빠는 이혼을 하였다. 엄마와 아빠가 헤어진 사유를 들어보면 특별히 큰 사연이 있는 것은 아닌 것 같다. 요즈음 흔하게 거론되는 성격 탓 정도로 생각된다.

대부분의 학생들은 부모가 이혼을 하면 어린아이라 하더라도 갈등을 겪게 되고 잘못된 길로 가는 경우가 많다. 부모의 이혼이 자녀에게 큰 상처로 남기 때문이다.

"현웅아, 너는 내가 보기에는 참으로 반듯하게 자라고 있으며, 다른 학생들의 모범이 되고 있구나!"

“…….”

현웅이가 말없이 히죽히죽 웃고 있다.

“공부하는 데 어려움은 없어?”

“예, 재미있어요.”

“그런데 5월 중간고사 성적은 왜 별로였지?”

“공부에 재미를 크게 못 느꼈고, 최선을 다해 노력해야 한다는 것을 몰랐어요.”

“뭐라고? 공부가 노력의 대상이라는 것을 몰랐다고?”

“예.”

“햐! 요놈 봐라.”

“공부는 취미로 하는 것이 아니고, 학생이 해야 할 가장 큰일인데.”

“예, 알고 있어요. 고등학교 들어와서 알게 되었어요.”

“그러면 앞으로 더욱 열심히 하겠네.”

“예, 앞으로 열심히 할 것입니다.”

학업성취상은 학생들에게 학습동기를 불어넣고 학력을 신장시키기 위해 만든 자체 학력 신장 시책 중의 하나다. 이번 학년도에 처음 시행한 제도로 국어, 수학, 영어 교과 학년석차가 퇴보 없이 직전 총합고사보다 50등 이상 발전한 학생들에게 수여하고 있다.

모든 교과가 다 그렇지만 그중에서도 가장 기초·기본지식을 요하는 수학 교과를 맨 먼저 1학기말고사 때 수여하고, 영어는 2학기 중간고사 시에, 국어는 학년말고사에서 수여하기로 하였다. 학생들에게서 좋은 반응을 보였다. 7월 기말고사에서 5월 중간고사 대비 수학 교과 학년석차가 50등 이상 향상한 학생들을 뽑아본 결과 1학년은 20.7%, 2학년은 8.9%, 3학년은 10.6%의 학생들이 해당되었다. 학년석차는 절대평가 개념이기 때문에 향상된 학생수만큼 퇴보하는 학생이 존재하는 것은 아니다.

"현웅아, 어떻게 해서 공부에 재미를 붙이게 된 거야?"

"엄마에게 너무 죄송해요."

"왜?"

"엄마는 저와 동생이 잘못해도 야단치지 않고 잘할 거라는 말만 해요."

"그래?"

"그러시면서 저희들에게 무엇인가 기대를 많이 하는 것 같아요."

"당연히 그러시겠지."

"그런 후에 손을 꼭 잡아줘요."

"너희 남매가 엄마의 그런 마음을 알아?"

"예, 저는 알아요."

나는 불현듯 눈앞에 펼쳐진 피그말리온 효과를 보는 듯하였다. 그리스 신화에 나오는 조각가 피그말리온이 아름다운 여인상을 조각하고 조각된 여인상을 진심으로 사랑한 결과 여신女神 아프로

디테가 피그말리온의 진심 어린 사랑에 감동하여 그 조각에 생명을 불어 넣어 주었다는 신화에서 나오는 말이다. 진심 어린 마음으로 기대하면 그대로 된다는 것이다.

이는 하버드대학교의 심리학교수인 로버트 로젠탈Robert Rosenthal이 초등학교 교장을 지낸 레노어 제이곱슨Lenore Jacobson과 함께 실험한 내용에서도 확인되었다. 로젠탈 교수는 샌프란시스코의 한 초등학교에서 전교생을 대상으로 지능검사를 한 후 무작위로 20% 정도의 학생을 뽑은 후 지도할 교사들에게 "지능이 아주 높고 성장잠재력이 아주 뛰어난 학생들이다."라는 언질을 준 후 교육을 하게 하였다. 8개월 후 다시 전교생을 대상으로 지능검사를 해본 결과, 언질을 주었던 20% 집단속에 있었던 학생들의 지능과 성적이 모두 높게 나왔다고 한다. 이 초등학교의 교사들은 20% 안에 있었던 학생들에 대하여 높은 기대와 열정을 가지고 지도하였을 것이다.

결과는 대단히 만족스러웠다. 이 조사결과를 우리는 '로젠탈 효과'라고 부른다. 로젠탈 효과에서 보듯이 지도교사의 기대와 바람은 그에 부응하는 결과를 낳았고, 피그말리온 효과에서도 조각가 피그말리온의 간절한 기대와 소망은 그대로 이어졌다. 어떤 의미에서 보면 로젠탈 효과와 피그말리온 효과는 같은 의미를 가지고 있다고 보아야 할 것이다.

나는 현웅이와의 대화에서 엄마의 간절한 기대와 소망대로 자녀가 변화하고 있음을 보았다. 억척스럽게 잔소리하고 매를 드는 엄마보다 학생의 내면을 변화시키는 현웅이의 엄마가 어쩌면 더 현명한지도 모른다. 그런데 학생이 엄마의 그러한 마음을 빨리 이해하고 행동의 변화를 보인 원인에는 남매를 위해 헌신하는 엄마의 가엾어 보이는 뒷모습에서 발견하였는지도 모른다. 모든 자녀와 청소년이 다 그런 것은 아니지만….

나는 현웅이의 전 과목 성적이 궁금하였다. 확인결과 대부분의 교과 성적이 많이 향상되고 있음을 발견하였다.

"현웅아, 선생님도 너에게 거는 기대가 크단다. 열심히 하렴."

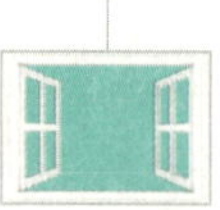

02
자율성 신장의 창

엄마, 풀장에는 풀이 많아?

세상에 나 같은 아빠가 또 있을까? 자식이라곤 아들딸 둘 뿐이고 그것도 아들을 얻은 지 8년 만에 온갖 정성을 다 들여서 얻은 딸인데 누가 생각해도 귀여운 딸 아닌가. 그런 딸의 입에서 나온 말이 "엄마, 풀장에는 풀이 많이 있는 곳이야?"였다.

대학 4학년에 다니는 딸이 6살 때 엄마에게 한 말이다. 나는 아내로부터 그 말을 듣고, 처음에는 웃었으나 잠시 후부터는 후회가 밀려왔다. 풀장에 풀이 많을 것이라는 생각을 한 딸아이의 생각도 나를 실소하게 했지만 무어라 말할 수 없는 회한을 느끼게 했다. 내 딴에는 자녀교육에 대해 나름대로 잘한다고 생각했었는데, 자녀를 키우면서 새로운 경험을 시키는 것이 얼마나 자녀교육에 중

요한 것인지를 절감하게 된 계기였다. 나는 며칠 후 풀장에 갈 속
셈으로 장소를 물색하던 중 드라이브도 할 겸 서대산이 좋겠다는
생각이 들었다. 대전에서 서대산까지는 그렇게 멀지도 않은 거리
이기 때문이다. 그 당시에는 재형저축을 털어 어렵게 구입한 중고
차도 있었다. 정부의 시책에 따라 마지막으로 받은 보충수업수당
을 운전면허시험장에 갖다 주었고, 면허를 받은 지 얼마 안 되어
중고차를 하나 구입했었다. 좋지는 않았지만 한 11만Km 정도 탄
중고차를 구입한 나는 가족들과 의미 있는 일을 하고 싶었다.

딸보다 8살이 위인 아들과 함께 온 가족이 서대산으로 향했다.
여름의 햇살이 따가웠다. 당시에는 선크림도 바를 줄 몰라 그냥
햇볕에 내놓았다. 아랑곳하지 않고 재미있게 노는 모습을 물끄러
미 바라보노라니 절로 흥이 났다. 나와 아내도 옷을 갈아입고 물
속으로 들어가 한참 동안을 재미있게 보냈다. 햇살은 따가웠지만,
그 또한 문제 되지 않았다. 아이스크림도 사주고 튜브도 빌려 사
용하고, 시간 가는 줄 모르고 놀다 보니 저녁때가 되었다. 아이들
얼굴이 빨갛게 달구어져 있었다.

"얼굴 따갑지 않아?"

"아니, 재미있어."

역시 아이들은 아이들이었다. 한참을 놀고 난 후에 딸아이에게
말해주었다. "풀장Pool場은 풀이 많은 곳이 아니라, 영어와 한자어
가 섞인 말인데 수영장이란 말과 같아. 이렇게 생긴 야외수영장을
풀장이라고 하는 거야."

"응 알았어."

딸아이가 벌겋게 그을린 얼굴로 해맑게 웃으며 알았다고 끄떡였다.

돌아오는 차 안에서 마음이 뿌듯함을 느꼈다. 모처럼 아빠 역할을 제대로 했다고 스스로 위로하면서. 지금 생각하니 내 아이들에게 해준 것이 없는 것 같아 미안하고 씁쓸하다. 더구나 얼굴에 선크림 하나 발라주지 못하고 각박하게 살아온 지난날들이 원망스럽고 한스럽다. 그 후에도 아이들에게 기억에 남는 추억 하나 제대로 만들어 주지 못하고 세월을 보낸 생각을 하면 너무나 자신의 무능을 탓하고 싶다. 커가는 아이들에게는 그 나이에 맞는 체험활동을 겸한 교육이 필요한 것인데…. 한번 지나간 세월을 거꾸로 돌릴 수도 없으니 더 후회가 남는다.

우리 아이가 영재인 것 같아요

"따르릉….."

"감사합니다. 교육청 과학직업정보과 박찬승입니다."

"교육청이죠?"

"예, 그렇습니다."

"우리 아이가 영재인 것 같은데 가정에서 어떻게 지도해야 할지 잘 모르겠어요."

"몇 살이죠?"

"5살이에요."

"대화가 가능한가요?"

"예."

"교육청에 한번 데리고 나와 보세요."

교육청에서 과학영재교육담당 장학관을 할 때 어느 부모와 나눈 대화의 내용이다. 약속한 날짜에 그 부모는 아이를 데리고 나왔다. 아이를 가운데에 앉혀 놓고, 부모와 마주 앉아 도란도란 이야기를 나누어 본다.

"너, 더하기, 빼기, 곱하기, 나누기할 수 있니?"

"예."

"한자도 쓸 수 있니?"

"예."

"영어도 잘해?"

"예."

실제로 사칙연산과 간단한 한자, 영어 단어 및 문장으로 표현된 내용도 아이는 잘 알고 있었으며, 영어로도 간단한 말을 구사하였다. 선수학습을 참으로 많이 시켰음을 알 수 있었다. 그러나 부모님에게 선수학습을 많이 시켰느냐고 물으면, 대부분은 그렇지 않다고 말한다. 단지 아이가 질문할 때마다 가르쳐 주었을 뿐인데 아이가 까먹지 않고 기억한다는 것이다.

"몇 살?"

"다섯 살."

"내가 그린 이 '8' 자를 나누어 봐."

나는 흰색의 A4용지에 '8' 자를 그려 놓고, 나누어 보라고 말을 했다. 나는 '8' 자를 썼다고 표현하지 않고 일부러 그렸다고 표현하였다. 아이는 바로 대답을 했다.

"4."

"또 나누어 봐."

"2."

'나눈다'는 개념에 대하여 아이의 머릿속은 선수학습에 의한 사칙연산의 나눗셈만으로 꽉 차 있었다.

나는 계속 질문하였다.

"'나눈다'는 뜻이 무엇이지?"

"나눗셈이요?"

아이는 내가 묻는 말을 되묻는다.

아이의 머릿속에는 사칙연산에 의한 나눗셈 말고, 도형을 나눈다는 개념은 전혀 없었다. 5세의 아이에게 어른이 생각의 폭을 이미 고정시켜 놓았다는 증거다. 아이는 이미 고정관념이 생겨있었다. 나는 다시 흰 종이를 꺼내 들었다. 그리고 종이컵을 들고 휴대용 전등으로 위에서 비추었다. 하얀 종이 위에 동그랗게 그림자가 생겼다.

"이 그림자가 무엇의 그림자이지?" 아이는 대답하였다.

"컵."

이번에는 컵의 옆면을 휴대용 전등으로 비추었다. 하얀 종이 위에 사각형의 그림자가 생겼다.

"이 그림자는 무엇의 그림자이지?"

아이는 대답하였다.

"컵이에요."

"똑같이 컵인데 왜 그림자 모양이 다르지?"

아이는 한참 동안 생각에 잠겼다.

"……."

나는 아이의 어머니에게 말을 하였다.

"휴대용 전등을 비추는 각도에 따라 컵의 그림자 모양이 다르듯이 아이에게 사물을 다양한 각도에서 볼 수 있는 능력을 키워 주셔야 합니다. 사물이나 자연현상, 어떠한 가치는 생각하고 보는 각도에 따라 새로운 모습으로 달라집니다. 그것이 바로 창의력입니다."

"아! 그렇군요."

아이의 어머니는 끄덕였다. 그리고 그동안 아이에게 선수학습을 많이 시켰음을 인정하였다. 아이의 어머니는 말하였다.

"그러면 앞으로 어떻게 해야 하나요?"

나는 아이가 궁금해 하는 것은 잘 풀어서 가르쳐 주고 설명해 주되, 지나치게 선수학습을 시키지 않는 것이 좋겠다고 말해 주었다. 그리고 아이가 관심 있어 하는 분야의 책을 사주어 독서활동을 많이 하도록 권장하였다. 독서활동은 상상력과 창의력, 사고력을 키우는 동시에 체험하지 않고도 체험한 것 이상의 효과를 얻을 수 있다.

기본 학습을 마친 아이의 능력은 창의성에 달려있다

퇴근길에 라디오 방송 중에 나오는 대화내용이다.

선생님이 물었다.

"얼음이 녹으면 어떻게 되나요?"

많은 아이들이 하나같이 답변하였다.

"얼음이 녹으면 물이 돼요."

그러나 다른 한 아이가 답변한다.

"얼음이 녹으면 봄이 와요."

이 대화 내용에 정답은 없다. 모두가 정답이다. 요즈음의 구성주의 교육관에서는 환경에 따라서 얼마든지 답이 달라질 수 있음을 보여 준다. 이렇게 다양성을 추구함이 좋은 교육이고, 창의성을 키우게 되며, 더불어 사회가 발전하는 원동력이 된다.

우리는 통상 영재교육을 말할 때 유대인의 교육을 인용하는 경우가 많다. '영재교육'하면 우선 '영재'를 떠올린다. 머리가 우수한 사람만이 받을 수 있는 교육으로 단정을 짓는다. 그러나 영재가 많은 이스라엘 국민의 평균 IQ는 생각만큼 높지 않다. 2002년 핀란드 헬싱키대학이 전 세계 185개국 국민의 평균 IQ를 조사한 결과(Chosun.com 참조)를 보면 홍콩은 107로 1위, 한국은 106으로 2위, 일본이 105로 3위, 독일과 이탈리아가 102로 5위, 중국과 영국이 100으로 11위, 미국은 98로 19위, 이스라엘 국민의 IQ는 95로 26위이었다.

이스라엘 국민의 평균 IQ가 높지 않음을 증명해 준다. 그런데도 유대인이 전 세계에서 가장 많은 노벨상을 받고, 세계 경제에 가장 큰 영향을 미치는 인재가 많다. 이것은 어렸을 때부터의 뿌리 깊은 가정교육 영향 때문이다. 아이들이 처음 글자를 익히면 꿀이나 과자를 통해 보상을 받고, 아이와 함께 잠자리에 들 때에도 부모가 자장가 대신 책을 읽어 준다. '좋은 질문이 좋은 답보다 훨씬 낫다'는 유대인의 속담처럼 항상 아이들이 의문을 품고 다니도록 생활화시킨다. 이런 생활은 성인이 된 후에도 계속된다. 매주 안식일에는 가족 모두가 모든 일을 중지하고 독서와 사색, 가족끼리 토론을 하면서 하루를 보낸다. 우리나라의 가정교육과는 다른 점이 많다.

우리는 생각의 패턴과 생활방식에서 아이의 장래나 미래의 생활을 예견하지 못하고 현재의 행복만을 추구하는 경우가 많다. 그 결과 유아원이나 초등학교 시절에는 잘하는데 고등학교나 대학에 다닐 나이에는 잘못된 길로 들어서는 자녀가 많고, 잘하는 자녀도 최상의 능력을 발휘하지 못하는 사례를 낳게 된다. 이는 어렸을 때 미래를 내다보지 못하는 근시안적 교육과 기초·기본 교육 부족, 좋은 습관을 내면화시키지 못한 데 원인이 있다.

일간지의 인터넷매체(chosun.com 참조)에 스티브 잡스, 빌 게이츠, 주커버그 3인의 천재를 키워낸 부모님들의 4가지 자녀교육법을 재미있게 읽은 적이 있다.

첫째, 천재성을 조기에 발굴하여 교육시키는 것이다. 대부분의 천재는 특정영역에서는 천재성을 나타내지만 평범한 인간생활에서는 취약점을 많이 나타냈다. 잡스는 고등학교를 중퇴한 자동차 수리공 출신인 양아버지에 의해서 어린 시절 성장하였다. 1972년 잡스가 대학에 입학하는 날, 양아버지인 폴 잡스는 그의 부인과 함께 아들인 스티브 잡스를 태우고, 캘리포니아 주 서니 베일에서 오리건 주 포틀랜드에 있는 리드Reed대학까지 먼 길을 이동하여 대학에 도착했건만, 아들은 부모가 있다는 걸 누가 아는 것이 싫어서 부모님을 학교에 못 들어오게 하였다. 이 일은 잡스에게 있어서 인간관계의 취약점을 단적으로 나타낸 일이라고 볼 수 있다.

이러한 잡스의 행동에도 불구하고 양아버지는 스티브 잡스의 천재성을 발견하고, 주말마다 중고 부품가게를 찾아다니면서 잡스가 관심 있어 하는 부품을 구해줬으며 현장 체험학습을 시켰다.

페이스북의 창업자 주커버그도 의사인 부모님으로부터 컴퓨터의 프로그래밍을 배웠으며, 11세 때부터는 가정교사로부터 소프트웨어의 전문기술을 학습하였다. 두 사람 모두 부모님으로부터 조기에 영재성이 발견되어 그에 따른 교육을 받았다고 볼 수 있다.

둘째, 최상의 교육환경을 만들어 주어야 한다. 변호사인 아버지와 교사인 어머니 사이에서 태어난 빌 게이츠는 어려서부터 기억력이 좋았다. 부모는 그를 시애틀의 명문사립학교인 레이크 사이드 스쿨에 입학시키고 학부모회의를 통해 학교에 컴퓨터 단말기를 기증하였다. 그 덕분에 빌 게이츠는 전산실에서 밤늦도록 컴퓨터학습을 할 수 있었다. 주커버그도 명문 기숙학교인 '필립스'에서 '아카데미'를 졸업하였다. 빌 게이츠나 주커버그 모두 최상의 교육환경을 갖춘 학교에서 조기에 영재교육을 받은 것이다.

셋째, 부모가 자녀에게 믿음을 주어야 한다. 스티브 잡스가 학교에 제대로 적응하지 못하고 말썽을 피운 어느 날 아버지인 폴 잡스가 학교에 소환되었다. 아버지는 학교 선생님과 대화 도중 다음과 같은 말을 하였다.

"학생이 공부에 흥미를 잃는 것은 교사 책임이지 아이가 잘못한 것이 아니다. 호기심을 자극하지 못하면서 바보 같은 내용만 달달 외우게 하는 학교가 문제"라고 말하면서 스티브 잡스를 믿어주었다. 빌 게이츠나 주커버그의 아버지도 이런 면에서는 잡스와 같았다. 명문 하버드 대학을 중퇴하고 MS를 창업하겠다고 말한 빌 게이츠, 페이스북을 창업하겠다고 말한 주커버그, 이들의 부모님은 모두 자녀에게 야단을 치기는커녕 사업자금을 대주면서 믿음을 주었다.

넷째, 부모는 자녀에게 모범을 보여야 한다. '자녀는 부모의 거울'이라는 말이 있다. 학교에 있으면서 학교폭력에 연루되었든가, 아니면 선생님에게 불손한 행동을 하는 학생을 보면 그 부모에게 문제가 있음을 종종 본다. 훌륭한 자녀의 성장에는 부모의 모범적 솔선수범이 있음을 본다. 스티브 잡스의 양아버지도 자동차 수리를 할 때 단순한 노동에서부터 구체적 기술에 이르기까지 하나하나를 스티브 잡스에게 가르쳐 주면서 솔선수범을 보였으며, 주커버그의 부모도 자녀와의 대화에서 깊이 있는 생각을 하고 논리적으로 말하는 생활을 가르쳤다.

부모의 자녀교육관과 관심 있는 행동은 자녀의 성장에 지대한 영향을 미친다. 교육청 근무 당시 자신의 자녀가 영재라고 교육방법을 몰라 걱정하였던 그 부모와 어린아이들이 궁금하다. 지금쯤은 초등학교의 고학년이 되었을 텐데, 좋은 대학 진학만을 꿈꾸면서 남들이 만들어 놓은 지식만을 열심히 암송하고 있을까? 아니면 인류의 삶의 질을 개선하고, 지구환경을 개선하고 보호하겠다는 웅대한 포부를 품고 창의력을 키워나가고 있을까?

03
바른생활 습관의 창

실천으로 모범을 보여라

"교장 선생님! 경찰이 왔는데요."

"경찰이 왜 학교에 왔습니까?"

"절도피의자로 학생을 대조하러 온 것 같습니다."

"절도피의자로 지목된 학생이 누굽니까?"

"3학년 양길동(가명)입니다."

"그러면 경찰보고 조금 기다리라고 하고 그 학생을 좀 봤으면 합니다."

잠시 후 학생부 선생님이 담임선생님과 함께 그 학생을 데리고 왔다.

"학생이 양길동인가?"

"예."

"이리 와 앉아."

학생이 머뭇머뭇하면서 다가와 앉는다. 그런데 표정이 영 좋지 않다. 교복의 바지는 줄여서 다리에 꽉 끼게 입었고, 머리는 좀 긴 편으로 드라이를 해서 옆으로 제법 돌렸다.

"학생이 최근 편의점에 들어가서 물건을 훔쳤는가?"

"아니요."

거짓말로 둘러대고 있음을 느낄 수가 있다. 눈빛도 조금씩 움직여 가면서 거짓말을 하고 있다.

"요즈음에는 곳곳에 CCTV가 있어서 물건을 훔치게 되면 바로 증거가 확보된단다. 학생이 거짓말해도 바로 탄로날 텐데, 그냥 솔직하게 말을 해."

학생은 고개를 숙이면서 진실을 말하고자 하는 표정을 지었다.

"예, 지난 9월에 편의점에서 성인용품을 훔쳤습니다."

학생이 물건을 훔친 사실을 진실하게 말하였다. 학생이 좀 안쓰러웠다.

"학생은 부모님 다 계시고 편안하신가?"

"아니요. 아버지는 제가 중학교를 졸업할 때쯤 가정을 나가셔서 재혼하신 후 서울에서 사세요."

"엄마는?"

"엄마는 청주에 사시고요."

"그러면 너는 누구랑 사니?"

"혼자 살아요."

도저히 이해할 수 없는, 말이 안 되는 상황을 눈앞에서 듣게 되는 순간이었다. 학교에서 절도나 학교폭력사고, 학교생활을 등한히 하는 학생, 기본생활 습관이 잘못된 학생 중에는 이런 결손가정의 학생이 대부분이다. 열악한 가정환경을 이겨내고 자신의 미래에는 인생역전을 반드시 이루고야 말겠다는 결심을 하고 생활하는 학생은 극히 드물다. 잘못된 길로 들어서는 학생들을 보면 대부분 좋지 못한 환경에 처해 있는 경우가 많다. 학교생활에 잘 적응하지 못하는 학생들의 부모님을 면담해 보면 학생의 잘못된 결과가 부모님 탓이라는 것을 알 수 있다. 부부간의 잦은 불화와 다툼, 부부간의 이혼, 별거, 직업적인 문제로 자녀를 보살피지 못하는 아쉬움 등 부부 사이에서 발생하는 문제점과 부모님의 자녀에 대한 인식 부족, 대화와 소통부족 등이 자녀를 잘못된 길로 인도하고 있다.

"저희들 클 때도 다 그랬어요."

"애들 클 때는 다 그런 것 아닌가요?"

"저희들 클 때도 다 술 담배하고 그랬어요, 그래도 지금 다 밥 먹고 살잖아요."

"애들 클 때 싸우면서 크는 것 아닌가요?" 등 자녀의 가정교육에는 별 관심이 없다.

며칠 전 일간지(chosun.com 참조)에서 〈범죄는 유전된다〉는 글을 읽은 기억이 있다. 전문가들의 연구에 의하면 범죄는 우리 몸에서 행복 호르몬으로 불리는 세로토닌을 억제하는 일부 유전자로부터 시작한다고 말하고 있다. 이런 유전자를 가진 사람은 충동적이고 공격적인 행동을 많이 한다고 한다.

1972년 뉴질랜드에서 세 살 된 아기 1,000명을 대상으로 연구한 결과 자제력이 약했던 하위 20%의 아이 중 43%가 성장하여 범죄를 저질렀고, 상위 20%의 아이는 범죄를 저지른 비율이 13%에 불과했다는 것을 알아냈다. 그러나 많은 과학자들은 유전자만 가지고는 범죄의 가능성 여부를 알기는 어렵다고 말한다. 특히 범죄는 어떤 부모 밑에서 자랐느냐, 어떤 친구를 사귀었느냐 등의 주변 환경에 따라 많이 달라질 수 있기 때문이다. 이렇게 유전과 환경은 자녀의 성장에 지대한 영향을 미친다. 특히 환경은 어머니의 뱃속에서부터 영향을 받는 것으로 알려져 있다. 임신한 후에 매주 두 번씩 생선을 먹으면 아이가 태어난 후에 주의력 결핍과 과잉행동장애ADHD의 위험성이 60% 줄어든다는 연구결과가 이를 뒷받침 해준다. 미국 보스턴대학 샤론 사기프 교수팀은 1993년부터 6년간 임신부의 모발을 연구하여 임신 중 먹은 음식물과 자녀의 특성과의 상관관계를 연구한 결과를 발표했다.

연구 시작 후 태어난 788명의 아기가 8세 되었을 때 ADHD 증상을 조사하였더니, 1주일에 2회 이상 생선을 섭취한 임신부가 출산한 아이는 그렇지 않은 아이에 비해 ADHD 위험이 60%나 낮았다. 그 이유는 생선의 오메가-3, DHA(생선의 기름에 함유된 지방산의 일

종) 등이 뇌 신경세포의 발육에 지대한 영향을 미쳤기 때문이라는
것이다. 이처럼 자라고 성장하는 데는 환경이 커다란 영향을 미치
고 있기에 부모님의 모범적 실천이 자녀의 바른 성장에 지대한 영
향을 주고 있다.

자녀의 성적은 부모의 영향이 크다

자녀를 대신해서 부모가 공부해 줄 수 있을까? 말도 안 되는 소리로 들릴 수 있다. 그런데 가만히 생각해 보면 자녀를 대신해서 공부를 해주는 것 이상으로 큰 영향을 미치게 할 수 있을 것 같다. 자녀로 하여금 부모를 흉내 내게 하면 된다. 자녀는 부모의 거울이라 하지 않던가. 학교 교육과정에는 표면적 교육과정과 잠재적 교육과정이 있다. 잠재적 교육과정은 학교에서만 해당되는 것이 아니라 가정에서도 영향을 받는다. 주거환경과 가정의 분위기가 자녀들의 학습에 지대한 영향을 미치고 있음을 알 수 있다. 몇 가지를 고민해 보면 다음과 같다.

자녀의 방을 거실에서 볼 수 있는 곳에 두어라

혼자서 공부를 하게 되면 2가지의 문제점을 생각하게 된다. 한 가지는 자녀가 학습에 필요 없는 오락이나 게임을 하는 경우가 있고, 다른 하나는 자녀가 외로워할 수 있다는 것이다. 부모님 모두가 잠들고 적막한 집안에서 혼자 한밤중에 남아 공부를 한다는 것은 대단한 의지력이 필요하다. 의지력이 약한 자녀는 집안의 외진 곳에서 외로움을 극복하기 힘들어한다. 또한 컴퓨터나 게임기를 가지고 오락을 즐겨하는 학생에게는 외진 곳의 공부방은 통제 불능의 자기만의 시간과 공간을 확보하는 기회가 된다. 부모님과 가까운 방을 사용하게 함으로써 컴퓨터나 게임기보다는 대화나 소

통의 기회를 갖게 하고 외로움을 달래주는 정서상의 안정감을 줄
수 있도록 해야 한다.

가정을 차분하게 독서할 수 있는 공간으로 만들어라

가끔씩 자녀의 책상 위치를 바꿔주는 것도 도움이 된다. 부모가
도와주지 않더라도 자녀 중에는 스스로 학습공간을 바꿔가면서
공부하는 자녀들이 있다. 이는 새로운 자극과 환경의 변화를 통해
서 신선함을 갖고 지루함을 달래주는 수단이 되기도 한다. 대체적
으로 공부를 잘하는 학생들은 자기 방에서만 공부하지 않고 이리
저리 환경을 바꾸면서 책을 읽고 공부하는 경우가 많다. 특정 방
에만 서가를 두는 것이 아니라 다양한 공간에 서가를 두고 책을
꽂아 두는 것이 자녀에게 좋다.

어머니가 주로 일하는 공간인 주방에서 자녀들을 훤히 볼 수 있
도록 하면 더욱 좋다. 어머니가 위치하는 공간이 아름답고 밝으며
책이 놓여 있을 때, 자녀들은 정서적으로 안정되고 즐겁게 책을
접하게 된다.

자녀에게 아버지의 존재감을 느끼게 하라

자녀들은 가정에서 아버지보다는 어머니와 갖는 대화시간이 많
다. 자녀에게 도움이 되라고 하는 말인데도 자녀들은 어머니의 말
을 잔소리로 듣게 되는 경우가 많다. 그 이유는 아버지와는 달리
어머니의 세심함과 과도한 애정 때문이다. 자녀가 성장하면서 어

머니의 말을 경시하고 무시하는 경향이 늘어난다. 이를 적절히 통제하고 조절하는 역할을 바로 아버지가 해주어야 한다. 어쩌다 관심을 보이는 아버지의 말과 행동이 자녀의 성장에 큰 도움이 되기 때문이다.

가까운 친척을 자주 초대하라

가정에 초대하는 손님은 자녀에게 칭찬을 해주는 경우가 많다. 손님이 주는 칭찬의 말 한마디는 자녀의 행동에 족쇄가 되는 경우가 있다. 다시 말하면 나쁜 길로 빠져나갈 수 없는 행동의 제한을 가하는 수단이 되기도 한다. 왜냐하면 부모님을 제외하고는 자신의 대외이미지를 느껴보는 기회일 수 있기 때문이다.

"집에 아이는 참 착하지?"

"공부도 잘하지?"하고 무심코 하는 손님의 말이 자녀에게는 공부를 잘하게 하고 착하게 생활할 수 있게 하는 원인을 제공할 수 있다.

간단한 쪽지와 글로 의사소통을 하라

어린이나 청소년 주위에 IT 매체가 많아지면서 학부모 대부분이 자녀교육의 어려움을 호소하고 있다. 부모가 자녀에게 하는 말은 자녀를 중심으로 생각해 보면 '잔소리'로 들리거나 아니면 '느낌'이나 '감동'을 주게 되는 경우다. 그러나 부모가 이야기하는 내용은 대부분 자녀에게는 '잔소리'에 불과한 경우가 많다. 이때 자녀에게 하고 싶은 말을 작은 쪽지에 적어 자녀의 가방 속에 넣어주면 같은 내용이라도 말로 하는 경우보다 더 감동을 줄 수도 있다.

집안에 서로 하고 싶은 이야기를 기록할 수 있는 소통의 장을 만들어 놓으면 자녀의 공부 및 생활에 많은 도움이 된다.

함께 소통할 수 있는 작은 공간을 만들어라

가족 간의 대화와 소통은 가정의 화목은 물론 자녀의 공부에 큰 촉매가 된다. 늘 건강하고 행복한 정서적 조건에서 의욕이 생기기 때문이다. 집안의 한 공간에 부모와 자녀의 작품을 전시할 수 있는 공간을 만들면 자녀의 공부 및 기본생활의 바른 정착을 위해서 많은 도움이 된다.

학생을 대상으로 하는 교사의 활동은 연습이 없다. 연습은 있을 수가 없다. 학생은 교사의 연습대상이 아니기 때문이다. 학생들에게 있어 흘러가는 시간은 인생이고, 현재는 미래를 결정짓는 중요한 요소다. 그렇게 귀중한 시간을 연습대상으로 삼지 말고 스스로 열정을 북돋아 더욱 교육에 매진해야 한다. 교과내용만 전달하면 어디서나 볼 수 있는 흔한 선생님이고 열정을 쏟으면 귀한 선생님이 되며 인격을 쏟으면 스승이 된다. 지도교사의 인격과 교육철학은 학생의 자아실현과 행복한 삶의 원천이다.

배움 도우미의 역할

01
전문성의 창

자신만의 전문성을 키워라

"너 이놈, 정신 차려! 왜 아침부터 졸고 있는 거야. 어제도 졸더
니 또 졸아?"

"…."

"쉬는 시간에는 복도를 잘도 뛰어다니데."

"…."

선생님이 야단을 치고 있다. 선생님들은 교실에서 학생들과 전
쟁을 치르고 있다. 앞에서 선생님은 열심히 설명하는데 학생들은
군데군데에서 책상에 엎드려 있거나, 한쪽에서는 선생님을 힐끔
힐끔 쳐다보면서, 때로는 웃으면서 옆의 학생과 무엇인가를 열심
히 이야기하고 있다.

선생님은 대상학생에게 주의를 시킨다. 주의를 받은 학생은 채 5분이 안 가서 또 이야기하고 있다. 선생님은 수업에 방해되기 때문에 복도로 내보낸다. 복도로 나간 학생은 복도에서 편하게 혼자 또 장난을 친다. 때로는 출입구를 살짝 열고 교실 안쪽의 학생과 무엇인가 말을 하려고 시도하면서 새로운 수업방해 공작을 펼치고 있다.

농촌에서 흔히 볼 수 있는 한 장면이 생각난다. 마당에 멍석을 펴놓고 곡식을 건조하기 위해 널어놓으면, 닭이 와서 쪼아 먹는다. 주인이 "훠이"하고 쫓은 후 다른 일을 하노라면 어느새 와서 또 쪼아 먹고 있다. 주인이 다시 쫓아내면 또다시 와서 쪼아 먹고 있다. 닭은 주인이 야단치는 것을 까먹은 것일까? 아니면 먹고 살기 위해 어쩔 수 없이 하는 행동일까?

'몰라서'와 '일부러'의 차이는 크다

학교 교실에서 발생하는 이러한 현상은 누구의 잘못일까? 곰곰이 생각해 보면 종합적인 합작품이라는 생각이 든다. 학생이 학교에 다니려면 선생님의 지도를 잘 받아야 하는데, 남의 말을 듣는 기본부터 되어있지 않은 학생이 많다. 가정에서 부모님으로부터 그러한 기본 교육을 받아 본 경험이 없는 학생도 있다. 그러니 학생보다도 학부모님 교육이 먼저라는 생각이 든다. 만일 학생이 몰라서 그러한 행동을 한다면 교육활동을 통하여 고칠 수 있다. 그런데 학생이 일부러 그런다면 이는 보통문제가 아니다. 일상적이고 평범한 교육으로 고치기가 어렵기 때문이다.

학교에서의 학생들의 행동은 가정에서 부모님의 욕심이나 부모님과의 불통에 의해서 만들어지는 경우가 많다. 밤늦게까지 사교육에 시달리는 학생, 매일 게임이나 인터넷에 빠진 학생들은 당연히 학교에서 졸 수밖에 없다. 그중에 한 학급에서 2~3명은 약한 정도의 ADHD 증후군 증세가 있어 의학적인 치료가 필요한 학생도 있다. 근래 들어 ADHD 증후군 증세가 있는 학생이 예전보다 많아졌다. 다양한 전자매체가 그 원인이 아닌가 싶다. 물론 교사 변인도 있다. 분필 하나만 가지고 수업하는 선생님, 작은 목소리로 특별한 억양 없이 수업하는 선생님, 학생들은 쳐다보지도 않고 혼자 무엇인가를 칠판에 열심히 판서하는 선생님, 학생들에게 특별한 잘못이 없는데도 야단칠 구실을 만들어 트집을 잡는 선생님, 용모나 복장이 학생들에게 눈살을 찌푸리게 하는 선생님, 교과내용을 설명하는데 이해가 가지 않게 지도하는 선생님 등등, 인격이나 전문성 면에서 부족한 선생님도 많다.

어떤 선생님은 양떼를 이리떼로 만드는 선생님이 있는가 하면, 이리떼를 양떼로 만드는 선생님도 있다. 무엇에 차이가 있기 때문일까? 가장 큰 차이점은 '열정'과 '지도기술'에 있다.

열정도 정감을 느끼게 하는 언어사용과 유머, 온몸으로 표현되는 지도의지를 내포하고 있는 이미지가 대단히 중요하다. 지도기술에는 적절하게 사용하는 교육보조 재료와 지루하지 않게 펼쳐나가는 전개기술이 중요하다.

학생들은 애정을 가지고 대해주시는 선생님을 잘 알고 있다. 사랑스러운 마음으로 교과내용을 잘 이해되도록 지도해 주는 선생님을 학생들은 좋아한다. 물론 그런 선생님은 교육성과도 높다. 그러나 학생을 무시하는 태도, 함부로 사용하는 언어, 폭력을 가하는 행위, 성의 없는 수업준비, 전문성 없는 지도기술을 가지고 있는 선생님은 교육력 저하를 가져오게 되고, 학생들로부터 인기 없는 선생님이 된다.

교사의 성패는 열정에 달려있다

사실상 교사에게 있어서 교수활동을 재미있게 하는 것은 대단히 중요하다. 그래야 수업에 활력이 생기기 때문이다. 수업시간에 교사는 내면과 외모가 학생들에게 적나라하게 드러난다. 이때 피교육자에게는 교사의 인격이 그대로 반영된다. 그러니 모든 교사는 학생들에게 본받음의 바른 주체가 되어야 하고, 수업도 재미있게 지도해야 한다. 그러나 교수기술의 전문성 부족과 교재연구의 미비로 인해 생각과는 달리 피교육자에게 엉뚱한 인식을 낳는 경우가 생길 수 있다.

재미있게 하는 방법은 의외로 다양하다. 말씨와 억양, 분필을 가지고 칠판에 그리는 여러 가지 도형과 교보재 사용, 교수모형 적용 및 내용설명에 이르기까지 다양한 분야에서 찾을 수 있다. 특히 표현하는 유머와 각종 기자재의 사용은 재미있게 교수활동을 전개하는 데 있어 필수요소 중의 하나다. 칠판에 그리는 직선

하나부터 원, 다각형 및 다양한 삽화에 이르기까지 많은 것을 연구할 필요가 있다. 때로는 수업시간에 학생들에게 감탄을 주기도 하고 흥미도 불러일으켜야 한다. 분필 하나로 순식간에 사람을 그려내고, 동식물을 그리며, 사물을 그려낸다면 학생들이 얼마나 신기해할까? 직선도 자를 댄 것같이 반듯하게 그리고, 원도 굴곡 없이 동그랗게 그린다면 더 말할 나위 없을 것이다.

내용설명도 한 가지 내용을 3가지 방법 이상으로 해 주고 쉬운 말로 설명해 준다면, 학생들은 학습에 더욱 흥미를 느끼게 될 것이다. 가르친 내용을 학생들이 잘 이해할 때 교사는 신이 나게 된다.

1913년에 작품집 '키탄잘리'로 노벨문학상을 받은 인도의 시성 타고르Rabindranath Tagore는 학교를 설립하고 학생을 교육하면서 다음과 같은 걱정을 했다고 한다.

"학교가 지리를 가르치느라 지구를 잃게 하고, 문장을 가르치느라 문학을 잃게 하고 있지 않은가?"

결국 교육자란 교과를 통하여 학생의 온전한 성장도 도모하고 교과적 재능과 타고난 소질도 계발시키는 결과를 낳아야 한다는 사실을 보여주는 것이다.

업무추진능력과 학급경영능력도 교수기술 못지않게 중요하다. 학급을 경영하면서 리더십을 발휘하지 못해 학생들에게 비전을 제시하지 못하는 교사가 꽤 많다. 학생 개개인에게 문제가 발생하였을 때, 상담활동을 제대로 못하고 문제를 키우는 교사의 경우에는 학생 인성교육을 잘할 수가 없다.

학생을 상담하고 문제점을 해결하기 위해서는 교사와 학생 간의 신뢰를 바탕으로 한 인간관계, 즉 래포rapport가 형성되어야 한다. 그 후 학생의 의견을 수용하고 들어주는 아량도 보여야 한다. 충고나 조언을 할 경우에는 상담 대상학생의 감정을 오히려 상하게 하여 부작용을 낳아서는 안 된다.

상담활동에서 사용해서는 안 되는 말

- 심문하는 말: 정말이냐? 왜 그랬니?
- 짜증스러운 말: 그러면 안 되지? 그러면 어쩌자는 거냐?
- 무시하는 말: 너 그럴 줄 알았다! 그 정도면 사람 된 거지!
- 비난하는 말: 인간이 그럴 수 있냐? 제정신이냐?
- 의심하는 말: 어떻게 그런 일이 있을 수 있냐?
- 엉뚱한 말: 말할 때 딴청 피우다가 "지금 뭐라고 했어?"하며 되묻는 말

수업에 끼를 발휘하라

수업을 잘하는 선생님들의 공통적인 특성은 무엇일까? 학창시절에 공부를 잘하여 소위 명문대학을 나온 선생님들일까? 성격이 활달하거나 아니면 점잖은 선생님일까?

교실에서 이루어지는 수업의 특성을 알면 그 답이 나온다. 우리나라와 같이 교과교육과정 체제를 운영하는 나라에서는 모든 교과목에 교과서가 있다. 교과서를 기준으로 일부 재구성하여 지도하는 학교는 있을 수 있어도 교과서와 교육과정을 무시하고 교과를 지도할 수는 없다. 그래서 수업에서는 교과내용에 대한 전문적인 지식이 있어야 한다. 전문적인 지식은 교과내용만을 이해했다고 해서 되는 것이 아니고, 교과내용을 잘 이해하지 못하는 학생에게는 조금 낮추어 설명하여 이해시켜야 하고, 수준 높은 학생에게는 발전적 내용도 지도할 수 있는 폭넓은 교재연구가 필요한 것이다.

그 다음에는 알고 있는 내용을 잘 표현할 수 있어야 한다. 표현방법은 다양하다. 대부분의 선생님들이 수업을 잘하느냐 못하느냐가 이 표현방법에서 갈리게 된다. 일반적인 표현방식에는 수준에 따라 작동적 표현, 영상적 표현, 상징적 표현으로 나누어 생각할 수 있겠는데, 이는 피교육자의 수준에 따라 달라진다.

지도내용을 효과적으로 지도하기 위해서는 모든 표현방식에 공통적 요소가 있다. 그것은 언어의 사용과 다양한 기자재 사용, 표정 등이다. 언어를 사용하는 경우에는 언어표현의 속도, 억양, 표정, 발음의 정확성, 선택하여 사용하는 단어 등의 영향을 받는다. 특히 유머를 적재적소에 사용할 경우에는 수업 분위기를 일신시킬 수가 있다.

기자재를 사용할 경우에는 학생들이 자주 본 생활 속의 기자재를 사용하느냐, 아니면 처음 보는 정형화된 기자재를 사용하느냐에 따라서 효과가 다르다. 기자재를 사용하는 경우에도 우스꽝스럽게 폭발적 관심을 보이느냐, 그냥 지켜보는 것에 불과하냐에 따라 효과가 크게 달라지기 때문이다. 특히 피교육자가 평소 생활 속에서 대수롭지 않게 보아온 것 중 수업에서 놀라운 효과를 발휘할 경우에는 기자재 활용 효과가 가장 크다.

표정의 경우에는 긍정적 표정과 부정적 표정, 동적 표정과 정적 표정, 사랑스러운 표정과 무감각한 표정 등 다양하다. 그러나 교육자의 모든 표정은 피교육자가 자기중심적으로 감지하기 때문에 어려운 면이 있다. 여기서 공통적인 현상은 밝고 적극적이며, 정을 주는 표정이어야 한다.

수업을 잘하기 위해서는 이렇게 여러 가지 조건을 충족시켜야 한다. 지도내용에 대한 전문성, 수업의 흐름, 언어의 표현, 기자재의 사용, 표정 등이 복합적으로 피교육자에게 접근되어야 하는데, 이것이 교사의 재능이고 끼인 것이다. 수업에서 끼를 잘 발휘하기 위한 가장 근본적인 것은 선생님의 마음가짐이다. 학생들을 어리다고만 생각하지 말고, 수업시간마다 내 수업을 듣기 위해 기다리고 있는 단골고객이라고 생각한다면, 교육자는 열정을 안 보일 수가 없다. 매일매일 다른 모습으로 아이들을 최고의 고객으로 생각하는 선생님이 최고의 선생님이다. 이들은 당연히 교재연구도 최선을 다해 준비한다.

반대로 사무적인 선생님, 늘 피곤해하는 선생님, 일에 쫓기는 선생님, 아이들에게 정이 담긴 대화를 안 하시는 선생님, 교재연구를 하지 않는 선생님, 유머가 없는 선생님들은 아이들로부터 좋은 선생님 칭호를 받지 못한다.

선생님의 훌륭한 인격과 주제에 따른 열정적인 수업기술이 더해지고, 수업내용에 대한 전문적 지식이 확보된 후 환상적인 수업이 이루어지는 때를 멋진 교육을 하였다고 말한다.

특기와 소질을 중시하라

초등학교 저학년 아이들은 색연필과 크레파스를 많이 활용한다. 많은 색의 색연필이 가지런히 놓여 있는 것을 보면, 그 아름다움에 저절로 미소가 나온다. 각양각색의 색깔이 예쁘기도 할 뿐만 아니라, 자기만의 색을 개성 있게 뽐내고 있는 것 같기도 하다. 조물주가 인간을 창조했을 때 '아마도 저 색연필처럼 창조하지 않았을까?'라는 생각이 든다.

어린아이들이 그림을 그리고, 색을 칠하는 것을 보면 적재적소에 색을 골라 잘 칠하고 있는 것을 본다. 특별히 어느 특정 색만을 사용하는 것이 아니라, 모든 색을 고르게 사용하고 있다는 것이다.

학교에서 수많은 학생들을 교육하는 입장에서 보면, 학생 한명 한명이 자기만의 색깔을 가지고 있는 색연필과 다를 바 없다. 36가지 색이 있는 박스에서 색연필을 1등부터 36등까지 한 줄로 서열을 정하여 세울 수 있을까? 굳이 서열을 정한다면 모든 색을 1등이라고 말할 수 있을 것이다. 왜냐하면 모든 색연필이 자기만의 독특한 색과 개성을 가지고 있기 때문이다.

학생들도 모두 개성이 다르고 소질도 다르다. 그런데 학교에서는 '이 많은 학생들을 어느 특정 색만을 중시하고 한 줄로 세우고 있는 것은 아닌가? 기억력에 의존하는 성적만을 중시하고 석차를 매기고 있는 것은 아닌가?' 하는 생각이 든다. 색연필에서 갈색 색연필에게 왜 빨간색을 닮지 않았느냐고 야단치는 것처럼 말이다.

우리나라의 대학 진학률은 84%정도이다. 그러나 우리가 부러워하는 선진국 중의 하나인 스위스의 대학 진학률은 10%정도이다. 우리나라와 스위스를 비교해 보면, 참으로 신기한 것을 몇 가지를 발견할 수 있다. 스위스 국토는 우리나라의 5분의 1, 인구는 760만 명, 1인당 GDP는 84,983달러(2011년 기준)로 우리나라의 3배가 넘는다. 과학분야 노벨상 수상자는 우리나라는 없지만, 스위스는 30명이 넘는다.

언젠가 〈한국일보〉 기자가 각국의 인재육성을 알아보기 위해 스위스를 방문하여 작성한 기사내용을 본 적이 있다. 기사 내용을 보면 이 나라가 '도제교육'을 참 잘하고 있다는 것을 알 수 있다. 의무교육과정인 9년의 초·중학교기간을 마친 15세가 되면, 그간 지도한 담임교사의 진로 결정에 따라 일반계고등학교 과정으로 20% 정도의 학생이 진학하고, 그 외의 학생들 대부분은 직업훈련학교로 간다. 직업훈련학교로 진학한 학생들은 1주일의 학습기간 5일 중 1일은 학교에 가고, 4일은 자신이 선택한 회사에서 현장실습을 받게 된다. 현장실습기간에는 각 분야의 숙련공인 명장으로부터 도제교육을 받게 되고, 해당 분야의 전문가로 성장하게 되며, 오늘날의 탄탄하고 부강한 스위스의 초석이 되는 것이다.

색연필교육과 스위스의 사례에서 교훈을 얻은 것처럼, 학교 경영자는 다양한 소질과 특기를 가지고 있는 학생들이 자기의 소질과 특기를 계발하고 신장시킬 수 있는 색연필교육과정 시책을 펼쳐야 한다. 책꽂이를 잘 만드는 학생, 만화를 잘 그리는 학생, 악기를 잘 다루는 학생, 요리를 잘하는 학생, 말을 잘하는 학생 등등, 학생 개개인의 소질을 신장시킬 수 있어야 한다. 자기만의 독특한 색을 가지는 색연필처럼 소질교육을 강화하면 모든 학생이 해당 분야에서 1등을 할 수 있다. 그렇게 하기 위해서는 지도내용에서부터 지도방법, 지도대상, 평가, 포상에 이르기까지 구체적으로 계획이 수립되어야 한다. 또한 지도영역에서는 모든 기초교과 영역과 우리 일상생활 속의 활동영역 하나하나가 모두 포함되어야 하며, 지도방법 면에서는 이론과 실기 등에서 학생의 지필평가를 제외한 수행평가 및 교과 활동의 산출물이 있어야 한다. 평가에서는 평가의 일관성과 타당성, 신뢰도 및 변별력이 공정하게 이루어져야 함은 기본이다.

이처럼 전 교과 영역에서 교육과정 수행 중에 공정하게 평가하여 선발된 학생은 '나도 최고상' 또는 '미래 인재상'을 만들어 학교 경영자가 수여해야 한다.

큰 뜻이 큰 그릇을 만든다

　복도 끝에 몇 명의 학생들이 서서 이야기를 나누고 있다. 무엇인가 재미있는 이야기를 나누는 모습이다. 박장대소를 하는 학생도 보였다. 도대체 무슨 재미있는 일이 있을까? 갑자기 궁금해졌다. 다가가니 학생들이 반갑게 인사를 한다.

　"무슨 재미있는 일이 있는가 보지?"

　"아무것도 아니어요."

　"좋은 일이 있는 것 같은데?"

　"에 헤헤…."

　과학고생들이니 수학과 과학은 당연히 잘하고 있고, 일반상식이나 사회분야는 어느 정도 알고 있는지가 갑자기 궁금하였다.

　"천안이라는 도시가 어디에 있는지 알아?"

　"…."

　"대전보다 북쪽에 있을까? 아니면 남쪽에 있을까?"

　"북쪽에 있어요."

　"광주광역시는 어디에 위치할까?"

　"우리나라 동쪽에 있어요. 대전의 동쪽에 있어요."

　"아닌데, 우리나라 서남쪽에 위치하는 데."

　다른 학생들이 말을 한 학생에게 말을 잘못했다고 윽박지르고 있었다. 과학고에 다니는 학생들과 나눈 이야기이다. 과학고생들은 특징이 몇 가지 있다. 본인이 좋아하는 것은 물불을 안 가리고 열심히 하는데, 싫어하는 것은 아무리 권유해도 관심 밖이다. 또 다른 한 가지는 인문사회나 지리 분야가 상식 밖이다. 대부분의 학생들이 넓지 않은 우리나라의 지형을 일목요연하게 말하지 못한다. 아무리 머리가 좋아도 관심이 없으면 모르게 된다는 진리를 알 것 같다.

몇 년 전 이탈리아의 학교와 미국의 학교를 방문했을 때가 생각났다. 미국에는 교실의 앞부분에 성조기를 꽂아 놓고 있었다. 물론 우리나라의 각 학교에도 교실 전면에 태극기를 꽂아 놓았다. 이탈리아의 교실에는 이탈리아 전도를 붙여 놓았다. 선진국에는 각 교실에 국가를 상징하는 다양한 자료를 게시하고 학생들에게 애국을 교육하고 있었다. 우리 학생들과 대화를 나누다 보니 선진국의 '나라사랑 교육'이 눈에 선하게 떠올랐다.

나는 며칠 후에 인터넷으로 우리나라 전도의 판매 여부를 알아보았다. 크기나 전도의 색감이 마음에 흡족한 것이 그리 마땅치 않았다. 하지만 그중에서 선택하여 구입하기로 하고, 코팅된 것을 구입하여 교실 뒤 측면에 고정 부착시켰다. 그랬더니 쉬는 시간에 학생들이 삼삼오오 모여 보는 것이 눈에 띠었다.

중학교 교장으로 근무할 때는 북한의 연평도 포격 1주년을 맞이하여 전교생에게 애국교육을 하여야겠다는 생각이 들었다. 그래서 우리나라 서해안의 지도를 잘 볼 수 있도록 확대하여 연평도를 중심으로 당시의 상황을 자료로 만들어 교육했다. 선생님 중에서도 새롭게 알았다는 느낌을 말하는 분들이 많았다.

미국이나 중국처럼 그렇게 크지도 않은 작은 우리나라에 대해서 학생들이나 선생님들이 모르는 사항이 너무 많다는 생각을 하였다. 그것도 남북으로 갈린 상태로 있는 작은 나라인데도 불구하고 말이다.

우리 주위에 있는 사람들은 미국이나 유럽, 남미, 호주 등에 가서 살겠다는 사람을 부러운 눈으로 쳐다보는 경우를 자주 본다. 왜 그럴까? 왜 부러운 눈으로 쳐다보는 것일까? 그러나 실제로 외국을 여행하다 보면, 외국 생활을 오랫동안 한 가이드들의 이야기를 많이 듣게 되는데, 하나같이 고국을 떠나 외국 생활을 하면서 어려운 점을 이야기한다.

미국에서 인디언취급을 받던 일, 손가락질하면서 수군거리던 백인들의 모습, 식당의 옆자리에서 식사할 때 냄새난다고 피하던 모습 등등의 이야기를 들을 때면 '참으로 어려움이 많구나!' 하는 생각을 하면서 조국의 소중함을 새삼 깨닫는다.

조국은 행복한 보금자리

우리 주위에 있는 사람들에게 애국교육, 통일교육을 말하면 구세대로 몰리고, 어용으로 몰리고, 하찮은 것을 말한다고 생각하는 경향이 있다. '국가', '조국'이라는 것이 가장 소중한 것이라는 것을 알면서도 왜? 우리는 나라의 소중함을 모르는 사람이 많을까?

나라를 잃었던 일제강점기에 윤봉길 의사나 안중근 의사, 유관순 열사를 비롯하여 수많은 애국지사들은 왜 하나뿐인 목숨을 던져가며 나라를 되찾고자 했을까? 나라 잃은 국민은 주권의식을 가지고 사람답게 살 수 없고, 자유를 구가하면서 평화롭게 살 수 없기 때문이다. 이렇게 삶의 근원적인 문제가 걸려있음에도 불구하고, 우리가 느끼지 못하고 소중하게 생각하지 못하는 것은 우리가 처해 있는 환경과 정치인들의 책임이 아닌가 생각한다.

역사적으로 우리 조상들이 나라를 잃었을 때의 슬픔과 고통받은 사실, 이스라엘인들이 그 작은 나라를 지키기 위해 주위의 아랍국들과 치렀던 수많은 전쟁 등을 알면서 우리 주변의 어른들과 청소년들은 국가, 조국의 소중함을 너무 모르고 있다. 국제사회와 글로벌 경제체제에서 자신감을 느끼고 연구를 하고 무역을 하는 사람들도 조국이라는 든든한 보금자리가 있기 때문에 당당하게 활동할 수 있는 것이 아닌가.

자라는 청소년에게 국가의 존재가치에 대해서, 우리 국토의 아름다움에 대해서 바르게 교육하여야 한다. 큰 뜻을 가진 사람만이 큰 그릇이 될 수 있다.

교육은 느낌과 감동이 있어야 한다

교직을 선택하는 사람들은 대부분 천진난만하고 맑은 모습의 어린이와 청소년을 예뻐하기 때문이고, 또 다른 이유는 이런 아이들과 생활하면서 가르치는 것을 좋아하기 때문이다.

나도 그런 부류의 한 사람이다. 군대생활을 마치고 학교에 발령을 받은 후 중학교 1학년 담임을 시작으로 교단생활을 시작했다.

전공은 과학교육을 했지만, 워낙 시골의 자그마한 중학교였기에 나는 과학, 수학, 기술과목을 지도하는 교사가 되었다. 수업하기 위해 교실에 들어서면 콩나물시루처럼 빽빽한 교실에서 학생들은 수업시간이 돼서야 후다닥후다닥 자기 자리로 뛰어 이동했고, 자리에 앉아서도 고개를 연신 좌우와 뒤로 돌리면서 떠들어대기 일쑤였다.

'과연 이렇게 생활을 하여야 하는가? 지금 군대에 다시 복귀하면 받아줄까? ROTC 훈련을 받고 군에서 소대장 생활을 하고 제대했으니까 군에 다시 복귀하면 미래는 보장될까?'

이런저런 많은 생각들이 교차하는 순간이 많았다. 나는 많은 번민과 회의를 느꼈다. 하지만 훈련이 안 된 아이들이니까 내 수업방식에 맞게 하나하나 훈련시켜 나가자고 굳게 결심했다.

나의 또 다른 번민은 집안이 가난한 학생들로 인한 고통이었다. 지금은 중학교가 의무교육이라 수업료를 내지 않지만, 그 당시에는 학부모가 수업료를 부담하던 때였다. 교장 선생님은 가끔 직원회의에서 수업료 납부 실적을 발표하곤 하셨다. 그러면 선생님들은 직원회의를 마친 후 어김없이 학급조회에 들어가서 납부금에 대해 언급할 수밖에 없었다. 나도 마찬가지였다.

"코딱지를 안 떼어내고 그대로 붙여 놓으면 살이 되니? 어차피 내야 할 것이라면 빨리 내도록 해."

전체 학생들에게 주지도 시키고 수업료를 내지 않은 학생들을 살며시 불러 개별상담도 하였다. 요즘처럼 통신수단이 발달하지 않아서 부모님께 전화할 수도 없었고, 한명씩 찾아다니며 가정방문을 할 수도 없었다. 어쩔 수 없이 수업료가 밀린 어린 학생들을 불러 상담하는 것이 최선이었다. 그러나 나는 수업료 상담만큼 힘든 것이 없었다. 학생들에게 고통을 주는 것 같았기 때문이다. 그러던 어느 날 심한 정신적 충격을 받게 된 사건이 있었다.

중학교 3학년 여학생을 담임했을 때다. 일기를 꼬박꼬박 잘 기록하고 있는지를 검사하던 중 한 학생의 일기장을 보고 깜짝 놀랐다. 일기장에는 다음과 같이 적혀 있었기 때문이다.

'돈이 원수다! 나는 나중에 학교를 졸업하면 서산에 가서 돈을 잘 버는 슈퍼마켓에서 일을 하여 부자가 되어야겠다.'

망치로 머리를 내리치는 충격을 받았다. 그리고 마음이 찢어지는 듯 아팠다. 왜 수업료 이야기를 해서 저 어린 학생들의 가슴에 대못을 박아야 하는지 후회가 막심했다. 그 후 교실에 들어가서 다시는 수업료 이야기를 하지 않았다.

당시 도교육청에서는 학생의 학력 신장에 대해 지대한 관심을 보이고 있어서 학력고사 성적 올리기에 열중해야 했다. 학력고사 과목은 국어, 영어, 수학, 사회, 과학이었다. 정상적으로 가르쳐서는 기대치만큼의 성적을 거두기가 힘들었다. 그러니 당연히 매를 댈 수밖에 없었다. 나는 매시간 사랑의 매가 아닌 몽둥이를 들고 수업을 들어가야 했다. 다행히도 내가 지도하는 과목은 학력고사에서 좋은 성적을 거두었다. 그러나 그간의 교육활동은 기쁨이 아닌 회의로 다가왔다.

'공부에도 소질이 있는 학생과 소질이 없는 학생이 분명히 있었을 텐데, 소질이 없는 학생은 매시간 매를 맞아가면서 학교생활을 하였으니, 얼마나 학교가 두려웠을까. 얼마나 고역이었을까? 학생들에게 자기 스스로 최선을 다하는 생활 습관을 갖도록 교육하면 되는 것인데….'

미래의 행복만을 위해서 현재의 학창 생활은 불행해도 된다는 것은 잘못된 생각이다. 현재도 행복하고 미래도 행복할 수 있는 Win-Win 전략이 분명히 있으니까 말이다. 이렇게 발령 초의 교직 생활은 진정한 교육자의 자세를 알지 못한 채 어려움을 겪게 되었고, 교실에서 이루어지는 활동 모두가 하나같이 힘들었다. 이러한 것들이 나에게 심한 번민에 빠져드는 요소로 작용하였다. 그러나 그 후회와 번민은 오래가지 않았다. 훈육하는 '호랑이 선생님'은 잘못된 개념이고, 학생들과 인격을 교환하고 같은 생각을 해 줄 수 있으며, 어려울 때 어려움을 같이하고 정을 줄 수 있는 양육하는 '자상한 선생님'이 훌륭한 교사임을 알게 되었기 때문이다.

숲을 보는 심정으로 교육을 생각해 보면, 몇 개의 단어로 압축할 수 있을 것 같다. 학생중심으로 생각할 때 교육은 '느낌'이고 '감동'이며 교과 활동은 '이해'다.

교육이 갖는 특성

학교경영은 '의미부여' 활동이라고 생각한다. 왜냐하면 교사나 부모가 아이들에게 하는 말이나 행동이 아이들에게 느낌이나 감동으로 와 닿지 않으면, 그 교육활동은 한낱 '잔소리'에 불과해지기 때문이다. 교과 활동에서도 교사가 설명하는 내용이 학생에게 이해되지 않으면 아무 소용이 없기 때문이며, 학교경영에서도 아이들이 성장하는 과정에서 발생하는 기본생활 습관으로부터 기술습득이나 인격형성에 이르기까지, 의미를 부여하지 않고 당연시하면 아무런 교육 프로그램을 만들 수 없기 때문이다.

이 시간에도 교육의 방법론과 학생과의 관계설정에 대하여 갈등을 겪고 있는 많은 교사가 있다. 교육이 무엇인지, 학생이 어떤 존재인지, 교육을 어떻게 해야 잘하는 것인지, 그리고 학생을 가르치는 교사인 '나'의 존재는 무엇인지에 대해서 말이다.

언제나 '처음처럼'

처음 발령을 받던 날!

도교육청에 모여 간단한 연수를 받고 모두들 임지로 향하였다. 필자가 부임하는 학교는 3명의 신규교사가 있었다. 우리 3명은 버스를 타고 서쪽으로, 서쪽으로 한없이 달렸다. 부임지가 태안군 남면에 있는 작은 중학교였기 때문이다.

우리는 버스를 타고 서쪽으로 가면서 처음 보는 자연경관에 많이 놀랐다. 대전에서 꽤나 멀었다. 서산까지 가는 데 5시간이나 걸렸다. 서산에서 태안으로, 태안에서 다시 안면도를 향하는 버스를 타야 했다. 버스가 먼지를 내며 비포장도로를 달리는 모습이 마치 군대생활에서 장갑차를 타고 적진을 향해 공격하면서 내달리는 모습과 흡사했다. 우리 3명은 그렇게 오랫동안 달려 어렵게 학교에 도착했다. 생전 처음 본 지형의 모습도 신기했다. 내가 태어나서 자란 곳은 높은 산과 들, 그 사이를 지나가는 냇물이 흐르는 풍경이 전부였고, 군대생활도 경기도 북부의 산악지대에서만 생활해왔기 때문에 이렇게 낮은 구릉지는 처음이었다. 밭은 모두 붉은빛을 띠는 황토로 되어있었고, 그런 밭에 소나무가 자라고 있는 모습도 신기했다. 그런데 지나가는 사람들의 이야기를 들어보니 서산·태안지역의 사람들은 그곳을 '산'이라고 불렀다.

"우리나라에도 저렇게 낮은 지형으로 된 산이 있구나!"

이국적이었다. 나는 약간 흥분상태였다. 그리고 한편으로는 '왜

이곳의 주민들은 밭같이 생긴 저곳을 개간하여 농토로 활용하지 않는가?' 하는 의구심도 났다. 그렇게 우리 3명은 빨간 황토 길을 따라 낮은 단층짜리 교실 몇 칸 없는 작은 학교에 부임하였다. 저 멀리에서 바닷물이 밀려들어오는 소리와 아이들이 떠드는 소리를 들으면서 교단생활은 시작되었다.

첫해는 1학년 남학생반을 담임하였다. 얼굴에 하얀 솜털이 송송 난 학생들. 3학년까지 입으려는지 교복은 커서 손등이 보이지 않을 정도로 크게 입었다. 수업을 하려면 어찌나 주의가 산만한지 시도 때도 없이 외쳐야 했다.

"조용, 조용히 해!" 그래도 막 떠들었다.

"너, 이리 나와."

"저요?"

"그래."

"너, 이놈 왜 그렇게 떠드니?"

아이들이 까르르 웃었다. 대책 없이 웃는 아이들을 보고 나도 웃었다.

청소년은 교사의 정(情)을 먹고 자란다

바닷가에서 4년의 세월을 그렇게 보낸 후 대전으로 전근을 가게 되었다. 교육경력을 한 해 두 해 쌓으면서 생각하니 '교육이 무엇인가?'를 서서히 알게 되었다.

'교과서만 열심히 지도하여 학력만을 높이는 것이 교육의 전부

는 아니구나!'

'교과서와 분필만을 가지고 교육활동을 전개하는 것은 참으로 한심한 나의 편의주의이구나!'

'학생들에게 교육내용을 알게 하는 것은 특별히 왕도가 없구나!'

'찌그러진 양동이라도 교실로 가지고 가서 교육내용을 쉽게 알게 하고 이해시킨다면 그것이 바로 왕도구나!'

'과학과목을 교육하면서 나는 지식장사를 하는가, 아니면 과학을 통해서 사람을 가르쳐야 하는가?'

이런 생각은 교육경력 5년이 훨씬 지난 후에야 깨닫게 되었다. 이렇게 교육을 알아가면서 생각은 점점 진화하였다. 어느 때는 열심히 가르쳤는데도 학생들의 성적이 나오지 않으면 스스로 반성도 많이 했다. 가끔은 학생들에게 나의 말의 속도가 빠른지, 아니면 느린지, 발음은 정확한지, 알아듣게 설명을 하는지, 그 밖의 건의사항 등을 듣고 수렴하고자 노력했다. 교육활동을 하는 동안 기쁠 때도 많았고, 학생들이 말을 안 들으면 속이 상할 때도 많았다. 또 세월이 지나면서 나쁜 타성이 생기기도 하고 열정이 부족한 경우도 많았다. 그런 때에는 처음 발령받을 때의 열정을 생각하면서 항상 '언제나 처음처럼'을 독백처럼 되뇌었다. 나쁜 타성에 젖거나 열정이 부족하게 되면 그 피해는 고스란히 학생들에게 돌아가기 때문이다.

'논의 벼는 농부의 발걸음 소리를 듣고 자란다'는 속담처럼, '학

생들은 교사의 정을 먹고 자란다'는 생각을 하며, 교직은 이 세상
에서 사람을 키우고 가르치는 가장 숭고한 직업 중의 하나임을 알
게 되었다.

02
상담 능력의 창

상담 능력의 중요성

얼마 전 TV를 보다가 교육에 관련한 토론을 하기에 관심 있게 지켜봤다. 최근 사회문제가 되고 있는 학교폭력을 줄이기 위해 기획된 토론 프로그램이었다. 인성교육의 방법을 묻는 설문조사에 '상담활동'이라고 답한 사람이 성인 표집 집단의 66%로 가장 높았다. 그다음이 '다양한 체험 활동'이 18%, '예체능교육 활성화'가 12%, '폭력예방교육'이 3%였다. 우리 국민의 대부분은 인성교육 방법으로 학교에서의 상담활동을 생각하고 있었다. 그러나 이보다 더 중요한 것은 가정교육에 있다. 가정에서 부모님과 자녀 사이에 대화나 소통이 거의 전무한 상황에서 학생들의 바른 인성을 기대하기란 어렵다. 오늘날 가정에서는 부모님과 자녀 사이에 일상적인 대화가 사무적인 내용으로 일관되고 있다.

"이제 학원 가야지? 빨리 가 늦겠다."

"빨리 방에 들어가서 숙제하고 공부나 해!"

이러한 대화만 나누는 부모와 자녀의 관계에서는 온전한 청소년으로 성장하기가 쉽지 않다. 가정에서 못하는 교육을 학교에서 해야 하는데, 남의 말을 잘 듣는 태도조차 가정에서 교육받지 못하였으니, 교사의 말을 잘 들을 리가 없다. 그러나 학교는 교육의 전문기관이니 가정이나 사회에서 못하는 교육을 성공적으로 수행하여야만 한다. 어떻게 하면 될까?

중학교 학생들을 데리고 인근 야산의 공원으로 소풍을 갔다. 자유롭게 학급별로 프로그램을 진행 중인 때, 한 선생님이 여학생과 남학생 몇 명을 잡아왔다. 야산의 계곡에서 연기가 모락모락 나기에 살금살금 가보니, 이놈들이 담배를 피우고 있더라는 것이다.

다음날, 교무실로 이 학생들이 불려 왔다. 학생부 선생님 앞에 서 있는 이 학생들이 하는 말.

"담배를 피우면 왜 안 되는데요?"

선생님은 하도 어이가 없어 아무 말도 못 하고 있었다. 옆에서 이를 지켜본 나도 잠시 생각에 잠겼다. '이런 중학생을 어떻게 설득시켜야 하나.'

잠시 후 여학생에게 선생님이 "왜 담배를 피웠느냐?"고 묻고 있었다.

"살 빠진다고 해서 피웠는데요."

"뭐, 살이 빠진다고. 누가 그런 말을 했어?"

"어른들이 그런 말을 하던데요."

"어른들이?"

"어른들이 담배를 끊었더니 이렇게 살이 많이 쪘다고 말하던데요."

어른들끼리 나누는 대화를 역으로 해석한 것이다. 담배를 끊었더니 살이 쪘다? 그렇다면 담배를 피우면 살이 빠질 것이라는 생각을 스스로 한 것이다.

잘못했다는 기색은 전혀 없다. 결국 장시간의 교육과 반성문 작성, 학교봉사로 지도를 마쳤지만, 이처럼 선생님이 학생과의 대화에서 가끔 어찌할 줄 모르는 상황에 맞닥뜨릴 때가 있다. 나도 그런 경험을 많이 하였다. 학생과의 대화나 상담에서 답변내용이 준비되지 않아 실효를 거두지 못하고 잔소리로 그치는 경우가 너무나 많았다.

교사는 상담의 전문가가 되어야 한다. 상담의 기술적인 면이나 상담자의 태도에 이르기까지 피상담자에게 호감을 줄 수 있는 전문성을 신장시켜야 한다.

상담에서 가장 기본이 되는 것은 상담자와 피상담자 간의 유대감. 즉, '래포Rapport(상호 간에 신뢰하며, 감정적으로 친근감을 느끼는 인간관계)'라 할 수 있다. 상담자와 피상담자가 인격의 교류를 통한 마음이 통해야 상담을 할 수 있다.

래포를 위해서 상담자가 갖추어야 할 자세는 첫째, 피상담자의 있는 그대로를 공감해주는 '순응활동'을 해야 한다. 둘째는 피상담자의 편을 들어주는 '동조 활동'이 필요하다. 동조 활동을 하지 않으면 피상담자는 입을 닫게 되고, 더 이상 마음을 주려 하지 않는다. 셋째는 겉으로는 순응활동이나 동조 활동을 하더라도 마음속은 중립적이고 가치판단을 바르게 할 수 있는 '중립적 안정 상태 Neutral attitude'를 유지해야 한다.

상담하기 위해서 온 피상담자는 극도로 긴장되어 있거나 흥분된 상태다. 이에 상담자가 같이 흥분하면 피상담자는 더 이상의 가치 공유를 피하게 되고 래포는 만들어지지 않는다. 래포가 형성되면 상담활동은 속도를 내게 되는데, 이때 상담자가 지켜야 할 몇 가지 사항을 보면 다음과 같다.

상담자가 지켜야 할 사항

- 친근감과 편안한 이미지를 주어야 한다.
- 상담자는 피상담자의 입장에서 문제의 해결책을 모색하여야 한다.
- 피상담자의 잘못을 꾸짖거나 질책해서는 안 된다.
- 상담자 입장에서 해결책을 주기보다는 피상담자 스스로 해결할 수 있도록 도와주어야 한다.
- 상담 중에 피상담자의 내면세계를 중시해야 한다.
- 질문하고 답변하는 식보다는 같이 고민하고 같이 해결책을

모색하는 방향이어야 한다.

- 일회성이나 형식적 상담보다는 성과가 있는 진솔하고 진정성 있는 상담이어야 한다.

교사와 학생의 관계에서 교사는 지도자의 입장과 조력자의 입장, 상담자의 입장, 때로는 안내자의 입장 등 다양한 역할을 수행하여야 한다. 특히 상담할 때에는 학생에게 진실성과 신뢰감을 줄수 있어야 하며, 대화의 필요성에 대한 교사와 학생 모두 일치감을 가지고 있어야 한다. 대화중에는 조건 없는 수용태도와 공감적 이해가 필요하다. 이러한 상담이나 대화가 이루어진 후에는 교사의 교육활동은 살아나고 학생은 학습활동에 활력을 되찾게 된다.

근묵자흑의 원리를 이용하라

"더 이상 어떡하라고 나보고?"

"너 죽어"

"그래. 그럼 내가 죽어 줄게. 됐니?"

"네까짓 게 죽을 수 있기나 해?"

집단따돌림이 있는 학교현장에서 가해 학생들과 피해 학생이 나눈 대화내용이다. 사실 여부를 떠나서 피해 학생 가족 측에서 주장하여 언론에 보도되기는 하였지만, 대화라고 보기에는 너무나 말도 안 되고, 이 기가 막힌 말들이 결국 한 고등학교 여학생을 아파트에서 떨어져 죽게 만들었다.

학교에서 있어서는 안 될 이러한 일들이 요즘 언론을 통해 종종 보도되고 있다.

얼마 전 경악을 금치 못했던 사건을 기사로 접했다. 대구에서 한 중학생이 동급생의 괴롭힘을 견디다 못해 자살한 것이었다. 가해 학생은 피해 학생의 목을 전깃줄로 조르고, 금품을 갈취하는 것은 물론, 물고문을 하고, 피해학생의 아파트 키Key번호까지 알아내어 집에까지 들어와 폭행을 일삼았다고 한다. 죽은 학생은 얼마나 마음이 괴로웠을까? 그런데 더 충격적인 것은 가해 학생 본인들이 무엇을 잘못했는지, 얼마만큼 잘못했는지를 모른다는 사실이다. 추궁하자 장난삼아 했다고 진술했다고 한다.

도대체 어디에 문제가 있는 걸까? 요즘 학생들이 선행과 악행에

대한 가치판단과 옳고 그름을 구분하지 못하는 근본 원인을 찾아
보자.

　우선 그 첫째 원인은 가정에 있다. 대부분의 가정에서 자녀의
생각과 행동에 영향을 미치는 기본생활 습관교육과 도덕적 가치
판단교육이 거의 없는 실정이다. 가정에서 자녀에게 아빠보다도
더 많은 영향을 미치는 엄마의 사회진출이 날로 증가하고, 부모님
이 대부분 맞벌이를 하다 보니 자녀와 대화를 할 수 있는 시간이
충분치 않다. 또한 한 가정에서 자녀를 한 명 내지 두 명만 낳아
키우다 보니, 취학 전이나 초등학교 저학년일 때에 자녀를 귀하게
만 키운다. 그래서 아이들은 착함과 악함, 옳고 그름의 가치 판단
력을 키워주지 못한 것이다. 가치 판단력을 키우지 못한 자녀는
초등학교 고학년이나 중학생이 되면 부모님의 말씀을 안 듣게 되
며, 교육이 먹혀들지 않게 된다.

　최근에 자살한 중학생의 경우 그의 어머니가 학교 교사였다. 교
사이면서도 자녀와 대화의 시간을 자주 못 갖다 보니, 아들이 얼
마만큼 집단 괴롭힘에 시달리는지를 눈치채지 못한 것이다. 아들
은 혼자 고민에 고민을 거듭한 나머지 결국 혼자의 힘으로 해결할
수가 없자, 죽음을 선택하게 되었다. 부모가 자녀와 충분한 대화
의 시간을 확보하고, 자녀의 말을 들어주고, 칭찬과 격려로 위로
하고, 해결책을 모색하였더라면 상황은 달라졌을지도 모른다.

둘째는 학교에 있다. 오늘날 학교 선생님들은 사기가 많이 실추되어 있다. 배운다는 것은 인내와 집중력, 이해력, 도전정신을 많이 필요로 하는데 너무 힘들어하는 학생들이 많다. 부모님들은 열심히 가르치려고 애를 쓰는데 당사자인 학생들은 아직 왜 배워야 하는지를 모르고 학교에 다니는 학생이 많다. 그러니 힘들 수밖에 없다. 교사와 학생 사이에 갈등의 골은 깊어질 수밖에 없다. 또한, 교사의 성비도 심각하게 깨져 있다. 초등학교는 여교사 비율이 90% 이상을 차지하며, 중·고등학교도 70% 이상인 학교가 많다. 여교사의 비율이 높아지면 여러 면에서 고려해야 할 점이 있다. 우선 사건·사고를 많이 일으키는 남학생들의 상담 선택권이 그만큼 줄어든다. 남교사와 상담해야 쉽게 해결될 문제가 있고, 여교사와의 상담을 통해 해결될 문제가 있다. 남학생은 남교사와 함께 남자들만의 격한 놀이나 스포츠와 같은 활동을 통해서 대화의 문이 열릴 수도 있기 때문이다.

중학교 근무 당시, 점심시간에 교내를 순찰한 적이 있었다. 여학생이 교실에서 '말뚝 박기'라는 놀이를 하고 있었고, 남학생들은 교실에서 실내화 뒤축을 자른 조각을 차면서 놀고 있었다. 남학생이 발로 찬 실내화 뒤축 조각이 여학생 얼굴 옆으로 휙 날아갔다. 순간 아찔했다. 남녀 합반인 중학생 교실에서 점심시간에 일어난 일이었다. 남학생과 여학생이 같은 반에서 생활할 때와 다른 반에서 동성끼리 생활할 때의 장·단점을 생각해 보았다.

많은 고민 끝에 설문조사를 해보기로 하였다. '남녀 합반'과 '남녀 별반'을 선택하는 질문이었다.

그 결과 학생과 학부모는 아주 작은 차이이지만 '남녀 별반' 쪽을 선호하였다. 그러나 선생님들은 90% 이상의 수가 '남녀 합반'을 선호하였다. 그 이유는 남학생 학급을 담임하기가 너무나 힘들다는 것 때문이었다. 이처럼 대부분의 학교가 여선생님이 많은 상태에서 남학생 지도는 점점 힘들어지고 있다.

셋째는 사회 혼돈과 문화 변화의 흐름에서 찾을 수 있다. 일부 교육지자체는 학생 인권조례를 제정하여 교사의 학생지도에 많은 제약을 가하고 있다. 학생의 복장과 용모 지도, 소지품 검사, 일기장 검사 등 학생의 프라이버시를 침해하는 것은 일체 허용하지 않고 있으며, 조금의 기합이나 체벌도 인정하지 않고 있다. 이를 악용하는 학생들은 활개를 치고 있다. 이렇게 배움의 전당인 학교를 폭력이 난무하는 공간으로 바꿔놓으니, 학생인권조례를 악용하는 미꾸라지 같은 학생들이 나타나고 있는 것이다.

사회지도층 인사들도 문제다. 눈만 뜨면 상대에 대한 욕설과 비난을 일삼는 행동을 하는 것은 물론, IT 전자매체를 이용한 사이버테러, 누리꾼들의 악성 댓글 등 모두 청소년에게 해로운 요소들로 채우고 있다. 청소년이 사회로부터 배울 것이 없고, 오히려 학교폭력을 부추기는 크나큰 원인이 되고 있다.

지하철을 타보면 손에 휴대폰이나 전자 키드를 가지고 있지 않은 청소년이 없다. 횡단보도를 건너면서도 휴대폰을 보면서 무엇인가를 열심히 하고 있다. 이러한 전자매체의 보급은 청소년으로 하여금 부모와의 대화를 단절시킴은 물론, 흉악한 폭력을 배우는 수단이 되는 것이다.

학부모님 중에는 "학교에서 선생님 말씀은 가정에서의 부모 말보다는 그래도 잘 들을 것 아니냐?"고 말하는 분들도 있다. 부모가 스스로 가정에서의 자녀교육을 포기함을 의미하는 말이다. 가장 기본적인 인성교육이 가정에서 이루어지지 않으니, 학교에서는 더욱 어려워진다.

가정과 학교, 사회가 모두 청소년을 바르게 이끄는 분위기로 바뀔 때 학교폭력, 집단 괴롭힘은 서서히 줄어들 것이다.

나비효과를 염두에 두어야 한다

학교 다닐 때 교칙을 한번 어겨본 학생들은 자주 어기게 되고, 그 경험은 결국 자신의 준법정신을 훼손하며, 사회인이 될 경우 사회의 법을 어기게 된다. 이러한 청소년기의 나쁜 경험은 자칫 나비효과를 낳게 된다.

브라질에 있는 나비의 날갯짓이 미국 남부지방에 토네이도를 일으킬 수 있다는 미국의 기상학자 에드워드 로렌츠Edward Norton Lorenz가 주장한 나비효과가 학생들에게서 나타날 수 있다. 작은 잘못이 돌이킬 수 없는 큰 잘못으로 변하고, 작은 법규 위반이 큰 범죄로 발전하는 나비효과를 염두에 두어야 한다.

　어느 날 교내를 순찰하다가 복도에 분필 토막과 우유갑이 널려 있던 것을 발견한 적이 있다. 널려있는 분필 토막을 보니 지난해에 속이 상했던 사건이 떠올랐다. 실외를 순찰하다가 급식실 앞에 분필 토막과 칠판지우개가 아무렇게나 나뒹굴어 있는 것을 보고 무심코 주워서 지나가는 학생부 선생님에게 드렸다. 그런데 또 교실과 복도에서도 분필 토막이 많이 발견되었다.

　그 후 몇 달이 지나지 않아서 사건이 나고야 말았다. 학생들이 교실에서 분필 토막과 귤껍질을 던지면서 장난 아닌 장난을 하다가 애꿎은 학생이 귤껍질을 맞은 것이다. 귤껍질을 맞은 학생은 아무 말도 안 하고 교실을 피해 밖으로 나왔다. 귤껍질을 던져도 항의를 하지 않고 피하기만 하니까, 장난은 더욱 도를 넘고 있었다. 결국은 장난치는 학생들은 말없이 피하는 그 학생을 얕보게 되고 무시하면서, 장난은 더욱 번져 나가 집단 따돌림 형태가 되었고, 결국은 그 학생이 휴학하고 말았다.

　이때 담임교사가 학급을 제대로 관리를 하였더라면, 작은 잘못된 일이 발견되었을 때 즉시 지도를 하였더라면, 한 학생이 집단 따돌림의 고통을 당하고 휴학하는 일까지는 발생하지 않았을 것이다. 실외에 흩어져 있는 분필 토막, 칠판지우개를 보면 학생들이 던지기 장난을 심하게 하고 있다는 것을 알았을 텐데, 그 당시 예방교육을 하지 못하였던 것이 너무 아쉬웠다.

　학생들에게서 발생하는 사건·사고는 사전에 반드시 어떤 징조가 있다. 학교폭력을 당한 학생들은 심리적으로 학교 가기 싫어하며, 사람 만나기를 두려워하고 있으며 기피하고 있다. 심지어 선생님마저도 불신하고 있다. 학교폭력은 성장기 어린 학생들에게 정신적으로 학교생활을 위축시키는 있어서는 안 되는 행위다. 그러나 실제 1,200명의 중학생들을 대상으로 설문조사를 하여 보니, 학년별로 다양한 현상이 나타나고 있었다. 학교폭력 피해를 당했다고 설문에 응답한 학생이 해당 학년, 전체 학생 중에서 1학년은 40%, 2학년은 15%, 3학년은 5.3%이었다. 내용을 요약해 보면 학교폭력 중에 '신체 폭력'이 가장 많으며, 두 번째는 '언어폭력', 세 번째는 '지나친 장난'임을 알 수 있었다.

학생들의 의식구조 속에 친구와의 장난 문화가 바뀌어야 할 것 같다. 그간에는 아날로그 문화 속에 신체 접촉을 통한 놀이, 별명 부르기 및 저속한 욕설을 통한 대화가 주류를 이루었다. 즉 동료 친구들과의 놀이와 수다 떨기가 가장 재미있는 놀이였으나 이제는 상황이 달라졌다. 컴퓨터, 아이폰 등이 동료나 친구보다 우선순위에 있다. 아무리 친구라 해도 아이폰이나 컴퓨터를 매개로 한 친구라야 친한 친구가 되는 세상이 되었다. 디지털 문화 속에서 친구는 그렇게 중요한 존재가 아닌 상황이 된 것이다. 가정에서부터 대화나 소통의 부족 현상이 인터넷 폭력물 쪽으로 자녀의 관심을 바꿔 놓고 있다. 청소년의 소속감과 인정받음이 사라지면서 문제의 행동이 시작되고 있다. 전 연세대학교 연문희 교수에 의하면 문제의 행동은 4단계로 번져나간다고 설명했다.

　제1단계는 가정이나 학교에서 오랫동안 인정받지 못하고 소외감을 느끼게 되면서 남들의 주의를 끌기 위한 행동을 시작하는 단계로 말썽부리기, 장난치기, 고자질 등이 발생한다.

　제2단계는 다양한 행동을 해보아도 소속감을 느끼기 어렵다고 생각하면 힘겨루기, 버티기, 반항하기, 말대꾸하기, 비협조 등의 행동이 나타나게 된다.

　제3단계는 자신을 믿어주지 않거나 이해해 주지 않는 사람에게 보복 행동 및 피해를 주는 행동으로 발전하는데 폭행, 절도, 공격 등의 행동으로 나타난다.

　제4단계는 3단계까지 발전해도 비난받고 처벌당하고 계속해서 소외당하면 자포자기, 체념, 자기부정, 신경이상증세 등이 나타나게 된다.

　청소년에게서 이러한 문제행동의 발달과 심리적 변화는 왜 일어나는 것일까? 연문희 교수는 4가지 이론을 도입하고 있다.

　첫째, 인간은 태어날 때부터 공격적 본능을 타고난다는 프로이드의 '공격 본능설'을 인용하고 있다.

　둘째, '좌절 공격설'이다. 이는 인간이 오랫동안 기본욕구가 충족되지 않으면 좌절하게 되고 이는 바로 공격적 행동으로 나타난다는 것이다.

　셋째, 폭력적이고 파괴적인 영상물이나 체험을 하게 되면 이를 모방한다는 '모방학습설'이다.

　넷째, 언어나 신체적으로 주위 사람을 괴롭히거나 폭력을 행사

하면 우쭐하게 되고 같은 패거리로부터 인정을 받거나 시선을 끄
는 현상으로 발전하는 '강화이론'이다.

자라나는 청소년을 지도하고 지켜보아야 하는 부모나 교사는 이
러한 청소년의 심리를 잘 분석하고 대처하여 청소년기에 큰 성장
통을 앓는 학생을 줄이도록 노력해야 한다.

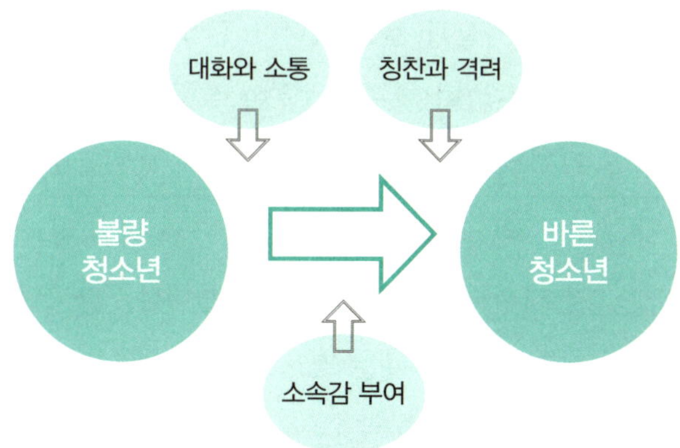

청소년 지도의 3가지 조건

남 탓하는 학생에게 희망은 없다

"너는 왜 학교 화장실에서 담배를 피웠지?"

"쟤가 줘서 피워봤는데요."

"그럼 너는 왜 담배를 피웠지?"

"친구들이 피워보라고 줘서 피워봤는데요."

모두가 친구를 팔고 있다. 학교에서 교칙을 위반하고 으슥한 곳
에서 흡연을 일삼다 발각되는 학생 등 잘못된 길로 가는 학생들에

게 그 원인을 물어보면 대부분 친구로부터 배웠다고 말한다. 그 친구가 도대체 누구를 말하는 것일까? 또 다른 잘못을 저지른 학생에게는 그 학생도 나쁜 친구임이 분명할 텐데….

불교의 『법구비유경』에 나오는 '근묵자흑近墨者黑'이라는 말이 있다.

석가모니께서 어느 날 제자들과 길을 가다가 길가에 떨어진 종이를 보며 "저 종이는 무엇을 하던 종이냐?"하고 물으니 제자가 주워 냄새를 맡아 본즉 향내가 나기에 "향내가 나는 것으로 보아 향을 쌌던 종이 같습니다."라고 말하였다.

또 한참을 가다가 "저 새끼줄은 무엇을 묶었던 줄이냐?"하고 물으니 제자가 주워 본즉 "비린내가 나는 것으로 보아 생선을 묶었던 줄 같습니다." 하니, 부처님께서 "모든 것은 본래 정결한 것이었으나 인연에 따라 죄를 짓기도 하고 복을 만들기도 한다. 현명한 사람을 가까이하면 덕이 높아지고, 어리석고 우매한 자를 벗하면 근심과 죄가 늘어난다. 마치 저 종이나 새끼줄처럼 향을 가까이하면 향 내음이 배어나고, 생선을 가까이하면 생선 비린내가 나는 것과 같아 차츰차츰 물들어가면서도 자신은 깨닫지 못하는 것이다."라고 말하였다. 즉 먹을 가까이하면 자신도 모르게 검어진다는 뜻이 '근묵자흑의 원리'이다.

성경에도 이와 같은 인간관계의 중요성을 강조하는 말씀이 있다. 잠언 13장에는 '지혜로운 자와 동행하면 지혜를 얻고 미련한

자와 사귀면 해를 받느니라.'라는 말씀이 있으며, 지혜를 일깨워주는 구절로는 다음과 같다. 14장 15절 '어수룩한 자는 아무 말이나 믿지만, 영리한 이는 제 발걸음을 살핀다. 16절-지혜로운 이는 조심해서 악을 피하지만 우둔한 자는 마음 놓고 굳게 믿는다. 17절-화를 잘 내는 자는 미련한 짓을 하고 음흉한 사람은 미움을 받는다. 18절-어리석은 자들은 미련함을 제 몫으로 삼지만, 영리한 이들은 지식으로 꾸며진다.'는 말씀이 있다.

오랫동안 미국 특파원 생활을 한 김상운은 그의 저서 『왓칭』에서 하버드대학의 크리스타키스Nicholas Christakis 교수가 32년간 연구한 내용을 다음과 같이 인용하고 있다.

'뚱뚱한 사람을 친구로 둔 사람은 자신도 점점 뚱뚱해진다.'

근묵자흑의 원리나 성경의 말씀, 크리스타키스 교수의 연구 내용을 보면 청소년기에 친구를 잘 사귀는 것이 얼마나 중요한가를 새삼 알 수 있게 한다.

교사의 언행은 때로 제자에게 평생 간다

얼마 전에 서산 바닷가에서 생활했던 제자들로부터 전화가 왔다.

"선생님, 제자들과 산행 한번 하시죠?"

"동창회를 하면 많이 참여하나?"

"많이 참여합니다. 서울, 대전, 서산 등 각지에서 50명 이상 참여하지요."

"어디에서 모이기로 했나?"

"예산 덕숭산을 산행하기로 했습니다."

"그래. 그러면 그때에 만나지. 대전에 계신 은사님들은 내가 모시고 갈게."

나는 반가운 전화를 끊고 퇴근한 후에 그 당시의 앨범을 뒤적거려 보았다. 내가 학년부장을 하면서 지도하였던 학생들이다. 지금 나이가 45세 또는 46세 되는 제자들이다.

나는 지정된 날짜에 대전의 출발지점으로 이동하였다. 두 분의 선생님들도 나와 계셨다. 몇 명의 제자들도 모여 있었다. 반가웠다. 우리 일행은 전세버스를 타고 예산으로 향하였다. 대전에서 만난 제자가 밤으로 빚은 막걸리라면서 내놓았다. 막걸리 색이 보기 좋은 노란색을 띠었다. 마셔보니 고소하였다. 처음 마셔보는 막걸리였다. 맛이 좋아 연거푸 여러 잔을 마셨다. 막걸리라 그런지 취기는 별로 오르지 않았다.

이야기하다 보니 어느덧 버스는 수덕사에 닿았다. 남녀 제자들이 많이 모여 있었다. 모습이 많이 변하여 알아보기가 힘들었다. 예전의 소년·소녀의 모습은 간곳없고, 대머리에 이마에 주름이 많은 남자 제자, 파마머리에 진한 화장을 한 여자 제자, 도저히 알 수가 없었다.

"너무나 오랜만에 만나니 알 수가 없네. 모두가 너무나 많이 변했어, 자기소개 좀 해봐."

자기소개를 들으니 조금씩 생각이 났다. 너무나 반가웠다. 우리는 그렇게 반가운 만남의 시간을 가진 후 덕숭산으로 향하였다. 산세가 아주 좋았다. 땀을 뻘뻘 흘리면서 산행을 계속하였다.

"선생님 막걸리가 무거워서 못 들고 가겠어요. 우리 조금만 마시고 가요!"

뒤에서 자꾸만 보채는 바람에 나는 가던 걸음을 멈추고 막걸리 파티를 하였다. 많이 마셨다. 땀이 어찌나 많이 나던지 땀에 젖은 손수건을 다섯 번이나 짰다. 하산하면서 수덕사의 만공탑 쪽으로 향하였다. 돌계단이 쭉 놓여 있었다. 산행을 마친 후 사찰의 경관을 여유 있게 관람하였다.

산행 중에 제자들의 살아가는 이야기를 많이 들었다. 40대 중반의 나이가 인생에서 가장 힘든 나이라는 것을 나는 안다. 사업하다가 실패하여 실의에 빠진 친구, 사업에 손을 대는 족족 성공하여 벤츠를 타고 다니는 친구, 중학교에 다니는 자녀에게 온갖 정열을 쏟는 친구, 동기 여성에게 구애하였다가 실패하여 결혼이 늦어진 친구 등 많은 사연을 가지고 있었다.

그때 한 제자가 물었다.

"선생님, 왜 그때 저를 때리셨어요?"

"내가 언제."

"그때 저를 때리셨잖아요? 크~크."

"나는 기억이 안 나는데 왜 맞았는지 말해봐."

"저는 그때 선생님에게 잘못하지 않았는데도 선생님이 때리셨어요."

"아무튼, 맞은 이유를 말해봐."

"영어 수업시간인데 제가 영어 선생님과 말싸움을 했어요."

"그래서?"

"수업 중에 저는 '모'가 옳다고 주장하였고, 영어 선생님은 '벼'가 옳다고 하였죠. 서로 계속 주장을 하다가 화가 난 영어 선생님이 수업을 중단하고 교무실로 가셨습니다. 그때 교무실에 계셨던 학년부장이신 선생님에게 제가 끌려가서 맞았잖아요."

"그때 선생님이 때리시면서 영어 선생님이 '벼가 맞다'고 하면 '벼'라고 알 것이지, '왜 수업을 중단하게 해!'하시면서 때리셨어요."

"허 허 허, 그래? 미안했네."

"모판에 자라고 있는 것은 '모'가 맞지."

"그것은 자네 말이 맞네."

"내가 그때 왜 그랬지?"

나는 머쓱하였다. 한편으론 가슴이 답답하기도 하였다. 혹시 내가 모르고 그 당시에 학생들을 억울하게 하지는 않았는지. 지금은 내 기억에는 없지만, 선생님으로부터 억울하게 야단맞은 학생은 그것을 기억하고 있을 것이 아닌가.

점심시간이 되었다. 총무가 나에게 건배사를 부탁하였다. 나는 갑자기 제의를 받아 순간 당황하였다. 하지만 제자들이 모인 이 즐거운 자리에서 인생 선배로서, 은사로서 해야 되겠다는 생각으로 일어섰다.

"오늘 이 자리에 초대되어 참으로 즐거운 시간을 잘 보내고 있네. 감사하네. 오늘 산행을 하면서 즐겁게 추억을 더듬으면서 즐거워하는 모습을 보고 한없이 같이 즐거웠네. 세상을 조금 더 살아온 선배로서 하고 싶은 말은 모든 것이 '정'이라는 것을 알았네. 지금처럼 정스럽고, 정겹게 앞으로도 잘들 살게나. 그런 삶이 결국은 행복한 삶이라네. 자! 다들 잔을 들게나. 우리 모두의 행복을 위하여 건배!"

저쪽에서 누가 한마디 거들었다.

"선생님, 졸린 데요."

"하하하…."

모두들 박장대소하였다.

점심 식사 후 인근 공터에서 축구를 한 후, 아쉽게 작별 인사를 나눴지만, 나는 모처럼 즐거운 하루를 보낸 것 같아 뿌듯했다. 그리고 돌아오는 길에 요즈음 종종 신문에서 보게 되는 학교 체벌 문제를 생각해 보았다. 어린 학생들에게 억울한 체벌은 절대로 해서는 안 되는 것이라고 생각했다. 그 학생들이 장성하여 선생님을 생각할 때 무엇을 생각하겠는가. 선생님에 대한 고마움을 생각하는 것이 아니라 나쁜 감정을 갖게 될 수도 있다는 생각이 들었다. 정다운 사람과 같이 아름다운 자연을 숨 쉰다는 것은 참으로 행복한 생활 중에 하나다.

교사가 평소에 사용하는 언어와 제스처는 상담활동이나 교과 활동에 따라서 조금은 차이가 있다. 학생과의 대화에서 인격 대 인격의 대등한 입장에서 대화하는 경우에는 양육적인 입장을 취하게 되고, 양육적 입장에서는 학생의 표정이나 행실을 이해하면서 학생의 잘잘못을 교사와 학생이 분담하는 결과를 낳게 되어 학생에게는 긍정적 발전을 가져올 수가 있다. 그러나 학생과의 대화에서 일방적인 교사의 훈육적 입장을 취하게 되면 학생은 입을 닫게 되고, 인격의 교류는 일어나지 않으며, 학생에게서 일어났던 모든 결과는 학생이 책임을 져야 하는 결과를 낳게 된다. 이런 경우에는 대화 후에 나타나는 현상으로 교육적 성과는 없으며, 교사와 학생 간에 갈등만 부추길 뿐이다.

예를 들어 양육적 입장에서는 '길동아, 내가 너를 그간 살펴보지 못해서 미안하구나! 어떻게 해서 그렇게 됐어?'로 표현이 될 것이고, 훈육적 입장에서는 '길동아, 너 형편없구나! 왜 그랬니?'로 표현이 될 것이다.

교사가 사용하는 순간의 잘못된 언어가 학생에게 깊은 상처로

남아 학생의 인생에 잘못된 길을 걷게 한다면 큰일이 아닐 수 없
다. 평소에 자극이나 충격이 와도 잘 흥분하지 않는 습관, 상대방
을 잘 이해하고 수용하는 태도, 상대를 속상하게 하지 않는 언어
사용 습관이 필요하다.

슬픈 사고

바닷가 학생들의 부모님 직업은 어업이 많다. 학생들도 하교하면 바닷가에 나가 갯벌에서 개불, 모자반, 갯지렁이 등을 잡아 용돈으로 사용하고 학생저축도 한다. 하교 후 학생들의 노는 시간과 갯벌에 나가 가계에 보탬이 될 수 있도록 일을 하는 시간을 빼면 공부하는 시간은 별로 없다. 그러니 학생들이 공부를 잘한다는 것은 참으로 어려운 일이다. 하지만 어려운 환경에서도 열심히 공부하여 희망하는 상급학교에 진학하는 학생도 있다.

산업화 초기에는 전국에 특수한 고등학교가 많이 설립되었고, 또한 인센티브가 많아 학부모나 학생들로부터 많은 각광을 받았다. 서울, 수원, 구미, 울산, 부산 등 산업의 전진기지로 부각되었던 지역에는 특수학교가 많이 설립되기도 했다. 가정형편이 어려운 학생들은 일하면서 공부하는 산업체 부설학교나 야간학교로 진학했다. 공부를 잘했던 반장급 학생들은 대학 못지않은 인센티브를 제공하던 특수목적고등학교로 진학하였다. 그러한 특수목적고등학교는 남자이면 누구나 반드시 거쳐야 하는 병역의 의무 조건도 좋았다. 입학을 희망하는 학생들은 어렵게 합격하여 행복하게 학교생활을 하였다. 문제는 고등학교를 졸업하고 직장생활을 하면서부터 시작되었다. 중학교 시절 자신들보다 학업성적이 좋지 않았던 학생들은 일반계고등학교로 진학하여 남들이 선망하는 대학에 다니면서 희망하는 직장을 꿈꾸는데, 성적이 더 우수하였던 자신들은 직장에 취업하여 기능인으로 생활하는 데에 대한 인생설계의 잘못을 후회하는 학생들이 생겼다. 물론 모든 학생들이 다 그런 것은 아니었다. 나름의 자긍심을 가지고 열심히 생활하는 학생도 있었다. 지금도 그렇지만 산업화시대에도 사회정서는 공부를 열심히 하여 좋은 대학에 진학하는 것이 지상과제였던 시대였다. 결국, 청운의 꿈을 가지고 특수한 고등학교에 진학하였던 일부 학생은 야간대학을 비롯한 관련 대학으로 다시 진학하는 시행착오를 갖게 되었다.

한 번은 학교 한쪽 모퉁이에서 학생들이 수군대는 모습을 보았는데, 이런 이야기를 나누고 있었다.

"그 언니 다쳤대."

"어떻게 다쳤는데?"

"손가락을 다쳤다는가 봐."

다가가서 학생들에게 물어보았다.

"누가 어디를 어떻게 다쳤는데?"

"주간에 일하고 야간에 학습하는 산업체 부설학교에 진학하였다가 피곤하고 수면시간이 부족한 나머지 잠깐 조는 사이에 손가락이 기계의 벨트에 감겼다는 가 봐요."

듣는 순간 머리에 현기증이 났다. 지난해에 담임을 하면서 졸업시킨 여학생에게서 일어난 일이었다.

"어쩌다 그런 일이."

나는 그 학생을 만나보기로 하였다. 어렵게 연락을 취할 수 있었고, 얼마 지나지 않아 만나게 되었다. 손가락이 잘려나간 그 학생의 한쪽 손을 보면서 나는 한없이 울었다.

"가난이 원수구나!"

그 녀석도 서럽게 울었다. 그 당시 너나 할 것 없이 잘 살지 못할 때, 돈을 벌어 가난을 떨치고 잘 살겠다는 생각과 공부를 열심히 하여 자신의 꿈을 실현하고자 하였던 현실이 충돌하여 일어난 힘들었던 시대의 사회의 한 단면이다.

그 후 지금까지 그 여학생의 산업체 부설학교 진학에 대하여 얼마나 많은 후회를 하였는지 모른다. 이렇게 앞을 내다보지 못한 진로지도와 오로지 학력만을 높이기 위해 매를 들고만 다녀야 했던 초년 시절의 교단생활은 많은 뉘우침과 탄식의 연속이었다.

학생들의 진로지도는 국가정책의 미래를 예견하고, 산업 발달의 패러다임을 가늠한 후, 학생들의 소질과 적성, 성장잠재력, 가정환경 등을 고려하여 충분한 상담활동을 한 후 결정되어야 함을 더 깊이 생각하게 되었다.

추천서는 '본 대로 느낀 대로'

자기소개서와 학습계획서가 자기 스스로 모든 것을 표현하는 것이라면 추천서는 추천하는 사람의 눈에 비친 모습을 통하여 그러한 진술이 사실인가를 확인해 보는 것이다. 따라서 추천서의 생명은 추천대상에 대한 일방적이고 주관적인 칭찬일변도의 글보다는 구체적이고 정확한 관찰을 통하여 객관적인 신뢰감을 주는 데 있다.

대학입시에서 학교장 추천제의 경우 추천기준 및 추천과정, 경시대회 등 수상경력, 지원학과와 관련된 교과목 관련 특기사항, 소질, 적성 및 잠재능력, 인성 및 대인관계, 특별활동, 봉사활동, 당해 고등학교의 교육 방침 및 교육 방법에 대해 상세하게 서술하는 것이 필요하다.

좋은 추천서를 작성하기 위해서는 일차적으로 좋은 추천인을 구하는 것이 중요하다. 좋은 추천인은 지명도가 높은 사람이거나 해당 대학교수나 총장, 지망학과와 관련되는 분야에 종사하는 유명인을 의미하지는 않는다. 가장 좋은 추천인은 추천하는 사람을 가장 잘 아는 사람이어야 한다. 추천대상의 인품과 성격, 성장 과정, 학창생활, 특기와 소질, 잠재적 능력을 가장 잘 아는 주변 인물이 좋다. 지망 대학과 관련이 있는 담당 교사나 담임, 종교지도자, 봉사활동 관련자, 부모나 친척 등 평소에 지속적인 관계가 유지되는 사람이어야 한다. 그냥 알고만 지내는 사람의 추천서는 일반적이고 추상적이며 겉핥기식의 칭찬일변도로 머무르기 쉽기 때문이다.

좋은 추천서의 핵심은 신뢰성에 있다. 추천서가 잘못되었다는 기사가 종종 신문에 오르내리기도 한다. 얼마 전에는 서울의 모 명문대에 입학한 학생이 고교생 10여 명과 함께 지적장애 여중생을 집단 성폭행한 사건의 연루자로 밝혀져 문제가 불거진 사건을 다룬 기사를 보았다. 이 학생의 추천서에는 '봉사왕'으로 기록되어 있었다고 한다. 해당고등학교 추천자가 추천서를 잘못 작성한 것이다. 이런 경우에는 추천자뿐만 아니라 해당고등학교 전체에 불신을 초래하게 된다.

대학에 따라서는 학생에 대한 평가를 항목별로 구체화시켜 서술하게 하고, 반드시 그 평가의 구체적인 증거나 사례를 제시하도록 하고 있다. 구체적인 증거도 없이 미사여구美辭麗句를 동원하여 훌륭한 학생으로 서술한다 하더라도 좋은 평가를 받을 수는 없다. 객관적으로 단점도 진실하게 서술하는 편이 좋다. 추천 교사에게는 특정 사항이 단점으로 보일지 몰라도 학생을 선발하는 대학에서는 해당 특징을 장점으로 보고 그러한 학생을 찾을 수도 있기 때문이다.

추상적 칭찬은 칭찬이 아니다

추천서에 추상적인 칭찬을 나열하면 신뢰성을 잃게 된다. 추상적인 칭찬은 흡사 사람의 얼굴 형체는 있으되, 눈을 그려 넣지 않은 것과 같다. 이런 추천서는 추천대상을 잘 알지 못하고 추천하고 있다는 것을 입증하는 꼴이 된다. 장점을 구체적으로 기록하고, 단점도 언급하는 것이 신선하고 좋은 효과를 줄 수도 있다.

객관적 자료를 반드시 제시해야 한다

추천하는 사람은 추천대상자의 장·단점을 잘 알고 있을 것이다. 추천서를 작성하면서도 마음속으로는 대상자를 나름대로 평가하고 있을 것이다. 마음속으로 생각하는 것을 그대로 기록해야 한다.

평가에서 가장 중요한 태도는 객관성을 유지하는 것이다. 학생의 합격을 간절하게 기원하다 보면 자기도 모르게 서술하는 내용이 주관적으로 흐르게 된다. 객관성을 잘 유지하기 위해서는 자기의 생각이 미치는 곳마다 객관적인 자료를 제시하여 쓰는 것이 좋다.

일화를 중심으로 서술하는 것이 좋다

추천하는 사람은 추천대상을 가까운 거리에서 관찰한 사람으로 같이 했던 시간이 많았을 것이다. 즉 교육활동이나 다양한 체험활동을 통해 대화를 나누고, 같이 성취감을 맛보았던 사례들을 추천서에 기록하면 좋다. 추천대상과 관련된 특이한 일화를 발굴하여 서술하면 좋은 효과를 거둘 수 있다.

자기소개서를 읽어본 후 작성하는 것이 좋다

추천대상자가 작성한 자기소개서를 한번 읽어보면 추천서 작성에 많은 도움이 된다. 왜냐하면 학생의 자기소개서와 맥을 같이할 수 있을 뿐만 아니라 추천대상에 대한 비화를 회상할 수 있기 때문이다. 특정 자질이나 능력 면을 기록할 때에는 추천대상자가 전체 집단에서 차지하는 비중을 구체적 숫자로 기록하면 많은 도움이 될 수 있다.

추천자와 추천대상자의 인간관계를 기록해야 한다

추천자는 추천대상과 어떠한 인간관계를 형성하고 있는지를 잘 표현해야 한다. 담임 또는 교과지도교사라든가, 동아리 활동 지도교사라든가, 탐구활동을 지도한 교사라든가 등 사정관이나 심사관이 읽어 보았을 때 이해가 갈 수 있도록 기록을 하여야 한다. 그래야 심사관이 추천자뿐만 아니라 기록한 내용도 신뢰할 수 있다.

일반적인 사실이나 평범한 내용은 생략하는 것이 좋다

추천서를 작성하는 지면은 제한되어 있다. 알맹이가 없는 내용을 장황하게 기록하는 것은 아무런 도움이 안 된다. 핵심을 가장 알맞은 단어를 선택하여 기술하여야 한다. 또한, 지망 대학의 특성을 찾아서 기술하는 것이 중요하다. 무조건적인 칭찬, 추상적인 기술, 지망 대학과 아무런 관련성이 없는 내용의 기술은 피해야 한다.

공부는 하는데 진로는 모른다?

자율학습실에 몇 명의 학생들이 조용히 앉아 공부를 하고 있다. 평소에 학습활동을 열심히 하는 학생들이기에 낯도 익고 이름도 기억하고 있다.

공부하는 얼굴에 표정이 없다. 무엇인가를 열심히 들여다보고 있다. 젊은 혈기에 밖에 나가 운동도 하고 싶고, 자못 심각한 표정으로 인생 토론도 하고 싶을 텐데 현재는 책과 씨름을 하고 있다. 쉬는 시간이 되었다. 진로가 궁금한 한 학생에게 가까이 다가갔다.

"공부 잘되니?"

"예."

"힘들지?"

"머리도 아프고 많이 힘듭니다."

"건강은 좋은가?"

"예."

공부를 제법 잘하는 학생이기에 진로가 궁금하였다.

"학생은 어느 대학에 진학하려고 하나?"

"아직 정하지 않았어요."

"전공하고 싶은 분야는?"

"잘 모르겠습니다."

공부를 잘하는 학생인데 전공하고자 하는 영역도 잘 모르고 있고 가고자 하는 대학도 정하지 않았단다. 고등학교 3학년이 된 지

4개월이 지났는데도 말이다. 그간 학교에서는 진로교육을 통해 다양한 정보를 제공하고 대학에 대한 설명회도 많이 하였는데….

"가고 싶은 대학은 있지?"

"예."

"그러면 전공하고자 하는 분야와 대학은 언제 정하려고 하나?"

"수능 점수 나오는 것을 보고 정하려 합니다."

바로 옆의 학생에게도 같은 질문을 하여 보았다. 역시 같은 대답이 나왔다. 자신의 적성과 소질은 수능 점수 다음이다.

"그래, 열심히 공부해. 건강 유의하고."

"예."

학생과의 대화를 마치고 나니 머리 한쪽이 답답함이 느껴졌다. 100m 달리기에서 출발지점에서 출발할 때 골인 지점을 보지 않고 전속력으로 달리는 느낌이다. 골인 지점을 보지 않고 전속력으로 달리다 보면 방향이 잘못되었음을 뒤늦게 발견하게 된다. 아마도 반대 방향으로 달릴 수도 있게 된다. 그러면 후회하게 되고 노력의 성과도 많이 줄어들게 된다.

이런 학생은 담임교사와의 진학상담도 수학능력시험을 치르기 전에는 큰 의미가 없다. 학생이나 부모님이 큰 기대나 성의를 보이지 않기 때문이다. 담임교사도 이에 흔들릴 수 있다. 학생을 지도하면서 발견하고 느낀 사실을 학생이나 학부모님에게 말씀드리고 스스로를 발견하도록 노력하여야 하는데 학생이나 학부모님이 이에 큰 흥미를 가지지 않는다.

오로지 높은 수능 점수만을 목표로 공부하는 학생과 자신의 소질과 적성을 알고 원대한 꿈의 실현을 목표로 공부하는 학생과 같은 점은 무엇이고 다른 점은 무엇인가. 곰곰이 생각해보면 여러 면에서 차이점을 찾을 수 있을 것 같다.

첫째, 공부는 힘들고 외로운 자기와의 싸움이다. 하루에도 몇 번씩 공부를 이렇게까지 하여야 하나? 자신의 질문에 스스로 '예'와 '아니오'를 몇 번씩 생각하게 하는 청소년 시기의 생활이다. 때로는 전혀 예견할 수 없는 안갯속 같은 자신의 미래에 대한 '회의와 좌절', 이러한 부정적인 생각을 밀어낼 수 있는 '용기와 도전'을 수도 없이 생각하면서 생활한다. 이러한 자기와의 싸움에서 '용기와 도전정신'이 승리하기 위해서는 자신의 진로와 미래의 설계, 꿈의 실현 목표가 분명할수록 의지가 강해진다.

둘째, 자신의 소질과 적성을 고려한 진로가 정해진 학생과 그러지 못한 학생과는 대학에 입학하는 데에는 별다른 차이점이 없을지 몰라도, 입학 후에 전공학습활동을 할 때에는 확연한 차이점을 발견하게 된다. 재학 중에 전과하는 학생이나, 학기 중에 중도에 하차하고 재수를 하는 학생들은 대부분 수능 점수만으로 대학에 입학한 학생들이다. 수능 점수만으로 학과와 대학을 선택한 학생들은 대학을 졸업한 후에 갖게 되는 직업이 재학 중 전공과는 아무런 관계가 없는 직업을 선택하는 경우도 발생한다. 이러한 폐해 현상은 우리 주위에서 흔히 발견할 수 있다.

셋째, 모두가 선망하는 대학의 졸업이 인생의 궁극적인 성공과 직결되지는 않는다는 것이다. 빌 게이츠나 스티브 잡스를 비롯하여 많은 성공한 사람들을 보면 입학하는 대학이 목표가 아니고, 자아실현을 이룰 수 있는 꿈이 목표였다는 것이다. 자신의 꿈을 실현하기 위해서 대학을 중도에 포기한 사람이 얼마나 많은가.

우리나라에는 대학을 졸업할 때가 됐는데도 진로가 정해지지 않아 졸업을 미루는 학생이 얼마나 많은가. 대학을 졸업하고서도 무엇을 해야 할지를 몰라 다시 대학원을 선택하는 학생이 또한 부지기수로 발생하고 있다.

이와 같은 현상은 전국적으로 종합해 볼 때 교육비의 증가, 국가 고급인력의 낭비, 실업난의 증가, 산업인력의 생산성 저하, 국민의 사회부적응 현상증대, 결혼연령이 늦어짐으로 인한 인구감소 현상 등 많은 부작용을 낳고 있다.

청소년의 진로교육이 단순한 교과서적으로 알고만 있어야 하는 지식 위주의 교육이 아니라, 청소년 모두에게 직접적으로 겪게 될 자신의 일이라는 것을 깨닫고, 체험적으로, 실천적으로 교육활동이 이루어져야 한다.

학교 현장에서 진로교육하고 있는 요즈음이나 진로교육을 하지 않던 시절이나 청소년의 생각에 변함이 없다면 청소년의 성장에 영향을 미치는 학교나 가정, 사회의 시스템에 문제가 있음을 입증하는 것이 된다.

　오늘도 자신의 꿈과 희망은 접어두고 단순히 높은 수능 점수만
을 목표로 세워두고 자신과의 고된 싸움을 펼치고 있는 학생들.
미래의 행복한 청사진이 그려지지 않기에 결국은 자신과의 싸움
에서 패하여 방황하고 잘못된 길로 접어드는 학생들이 발생하고
있다.

03
업무 추진력의 창

모든 자료를 데이터베이스화하라

직장생활에서 가장 중요한 것은 조직의 인화이고, 개인의 창의와 전문성이다. 인화는 서로 다른 성격의 소유자들이 하나의 조직에서 생활하면서 업무추진의 효율성을 기하고, 모두가 행복한 생활을 하는 데 반드시 필요한 요소다.

가정에서도 남녀가 결혼하여 가정을 만들고 자녀를 낳아 기르지만, 인화가 안 되어 불화를 겪고 있는 가정이 굉장히 많다. 하물며 서로 개성이 다른 남남이 모여 형성된 조직인 직장은 더 말할 나위가 없을 것이다.

창의성도 마찬가지다. 업무의 성과를 높이고 성과의 영속성을 유지하기 위해서는 조직의 창의적 운영이 절대적이다. 그래야 많은 이윤을 추구할 수 있고, 기술을 축적할 수 있으며 조직이 발전할 수 있다.

개인의 전문성도 대단히 큰 영향을 미친다. 신속하고 정확하게 업무를 추진하기 위해서는 전문성의 정도에 따라 큰 차이를 낸다. 전문성을 높이는 방법은 직종에 따라 여러 가지가 있겠지만, 교직 생활에서는 자료를 데이터베이스화하는 방법이 좋다.

교사로 첫 발령을 받아 정년퇴임까지 많은 연수를 받는다. 연수 중에는 단기연수와 장기연수, 교양연수와 직무연수, 자격연수에 이르기까지, 많은 연수를 받아 전문성을 신장하고 있다. 연수를 받게 되면 귀감이 되는 좋은 말에서부터 실제로 직무에 활용하여야 하는 전문지식에 이르기까지 다양한 내용이 많이 있다. 연수 후 이를 어떻게 처리하느냐가 중요하다. 종강 후 모든 지식을 반납하고 나오는 사람이 있는가 하면, 연수 자료를 잘 보관하여 직무에 도움을 찾는 사람도 있다. 여기서 가장 좋은 방법은 중요한 내용을 자신이 가지고 있는 컴퓨터에 데이터베이스화하는 것이다. 즉, 언제든지 필요하면 볼 수 있도록 폴더를 만들어 분류하고, 파일로 만들어 놓는 작업을 말한다.

훌륭한 사람의 어록으로부터 학생훈화, 신문에서 얻을 수 있는 각종 자료, 교직의 전문성을 신장할 수 있는 각종 자료와 전문지식 등 헤아릴 수 없을 정도로 많다. 이를 일목요연하게 관리하는 것은 그만큼 자신의 실력과 전문성을 높일 수 있는 계기가 된다.

계절별 교육활동이 건강한 학생을 키운다

"제철 과일만 제대로 먹어도 만병을 예방할 수 있다."는 말이 있다. 과일에는 적당량의 칼로리와 여러 종류의 비타민, 무기질, 식이섬유 등을 내포하고 있는데, 이것이 계절별로 출하되는 과일에 따라 조금씩 다르기 때문이다. 같은 종이라 하여도 제철에 수확되는 과일과 제철이 아닌 계절에 수확되는 과일의 영양가 차이가 크다는 것이다.

우리나라는 4계절이 뚜렷하다. 그러나 최근에는 지구환경의 변화에 따라 봄과 가을은 잠시 왔다가 가는 것 같고, 여름과 겨울철만이 길게 느껴진다. 이러한 계절의 변화는 여성의류에도 영향을 주어 아예 봄과 가을 패션은 없다고 한다.

과일도 계절과 관계없이 생산되고 있으니, 시장에 가면 언제든지 먹고 싶은 과일을 살 수가 있다. 농산물이 생산되는 것을 보면, 인간의 능력이 자연의 순리를 교묘하게 이용하고 있다는 생각이 든다. 그러나 결국 인간의 이러한 자연의 순리를 역이용한 삶의 질 향상은 많은 부작용을 낳기도 하며 지구환경의 변화로 이어지게 되는 것이다.

계절에 따라 토양의 양분과 태양의 햇살을 제대로 받고 자란 식물에서 만들어진 과일은 인간에게 유익한 영양소를 공급하여 건강을 지켜주고 있다. 우리가 계절별로 생산되는 과일에서 영양소를 골고루 섭취하면 건강을 잘 유지할 수 있듯이, 성장기의 청소년에게는 월별 특성에 따른 교육활동을 통해서 바른 인성과 지적 소양을 함양시킬 수 있다.

일 년 열두 달을 잘 보면, 월별로 국가가 정한 날이 있는 달이 있다. 정해진 날의 특성을 보면 계절에 따라서 정한 것도 있고, 역사적 사실에 의해서 만들어진 것도 있다. 월별 특성은 학교 교육에서 중요한 의미를 가진다. 월별로 가지고 있는 특성을 잘 분석을 하여 보면 다양한 영역을 내포하고 있다.

3월은 신학년도가 되어 새 얼굴을 만나게 되는 '만남의 달'이다. 선생님도 새로 만나고, 친구들도 새로 만나게 된다. 3월에 함양할 수 있는 영역은 자기 주도적 생활다짐, 인간관계 형성, 자신의 이미지 제고 등이 있다.

4월은 '과학의 달'이니 학교나 사회기관, 국가에서 추진하는 다양한 체험기회 참여를 통한 과학에 대한 호기심과 흥미를 증진시킬 수 있다. 또한 이공계의 전문적 지식학습과 자연의 변화 원리, 생태계의 변화 및 과학적 사고방식의 효율성을 학습할 수 있다.

5월은 '가정의 달' 또는 '사랑과 존경의 달', '보은의 달'로 표현하고 있다. 부모공경, 자녀사랑, 스승존경, 제자사랑, 가정과 가족의 중요성, 조상의 뿌리 찾기 등을 통한 자긍심을 고취시킬 수 있다. 학교에서는 부모님이나 스승에게 편지쓰기, 부모님과 선생님이 함께하는 체육행사를 개최할 수도 있다.

6월은 '호국보훈의 달'이니 조국을 위해서 고귀한 목숨을 바친

선열의 뜻을 기리고, 나라사랑정신을 함양할 수 있다.

7월은 '준법질서의 달'이니 법과 도덕, 관습, 질서를 지키는 일이 우리 모두의 안전과 건강 및 쾌적하고 행복한 삶을 영위하는 바른 길임을 알 수 있다.

8월은 '자연체험의 달'이다. 녹음이 우거진 무더운 한 여름철이니, 자연체험을 통해서 호연지기를 키우고, 인간과 자연이 일체임을 깨달을 수 있다. 자연이 훼손되고 파괴되면 결국 인간 삶도 행복할 수 없음을 알게 된다.

9월은 2학기가 시작되는 '어울림의 달'이다. 1학기의 생활을 거울삼아 미처 실천하지 못했던 사항에 대한 실천의지를 다짐하고, 힘차게 출발하는 달이다.

10월은 국가가 정한 '문화의 달'이다. '독서삼도讀書三到'라는 말이 있다. '책을 읽을 때에는 눈으로 보고, 입으로 읽으며, 마음속으로 그 의미를 깨우친다'는 뜻이다. 독서활동을 통하여 마음의 양식을 넓히고, 창의력과 사고력을 신장시킬 뿐만 아니라, 간접경험을 통해서 즐거움과 풍부한 지식을 얻을 수 있다.

11월은 '봉사활동의 달'이다. 겨울철의 추운 날씨에 대비하여 생활이 어려운 이웃을 생각하면서 측은지심을 함양하고 봉사활동을 할 수 있다.

12월은 한 해를 마무리하는 '마무리의 달'이다. 일 년을 반성하고, 학습활동을 점검하면서 새해를 계획하는 진취적인 생활 습관을 갖게 한다.

월별 특성은 주로 인성 영역에서 강한 교육활동의 덕목을 찾아
낼 수 있다. 인간의 내면적인 착한 심성에서부터 이공계나 인문사
회계열의 전문분야까지 프로그램을 개발하여 교육에 반영하면 전
인교육에 많은 도움이 된다.

제철에 나는 과일만 제대로 먹어도 많은 병을 예방할 수 있는
것처럼, 월별 특색을 살려 그달에 맞는 프로그램만 제대로 운영하
여도 학생들의 인성교육 및 전인교육의 많은 부분을 해결할 수 있
다. 그렇다면 인성이 사람에게서 차지하는 영향력은 얼마나 될까?

인성은 사람이 가지고 있는 성품이고, 학력은 밖에서 입력Input
된 지적인 영역이라고 볼 때 인성에 의해서 학력은 얼마든지 달라
질 수 있다. 학력에 의해서 인간생활이 달라지는 사회보다는 인성
에 의해서 행복이 점쳐지는 사회가 되었으면 한다.

Blue ocean에 주목하라

　사람은 태어날 때 능력 면에서 과연 공평하게 태어날까? 요즘 TV를 보거나 사람을 만나 대화를 나누어 보면, 공평하게 태어나지 않은 것 같다. 잘생긴 사람이 재주가 더 있는 것 같다. 잘생긴 사람은 생기기도 잘 생겼지만, 특출한 재능도 겸하고 있으니, 얼마나 주위의 부러움을 받으면서 세상을 살게 될까?

　행복이라는 것이 절대적 가치를 가지고 있지만, 상대적인 면을 전혀 무시할 수 없다고 본다면, 잘생기고 재능까지 있는 사람은 참으로 행복할 것 같다. 그러나 사람이 세상에 태어날 때에는 모두가 축복을 받고 태어나고 한 가지 정도의 재능은 가지고 태어난다 하니, 세상을 살면서 '나의 재능은 무엇일까?'를 한번 고민해볼 필요가 있다. 그 재능 중에서도 두뇌의 재능은 대단히 중요하다. 두뇌의 어느 부분이 발달되어 있느냐에 따라 소질이 달라지기 때문이다.

　미국의 발달심리학자인 하워드 가드너Howard Gardner의 다중지능 이론에 의하면 여러 가지의 지능이 서로 독립적으로 존재한다고 한다. 그래서 가드너는 학력 위주의 한 줄 세우기식 획일적 교육을 비난하고 있다. 사람은 세상에 태어날 때 각각 고유한 재능을 타고나기 때문에 자기가 가지고 태어난 재능을 후천적으로 계발하여 개성 있는 삶을 살아야 한다는 것이다. 그렇다면 학교 교육에서 가장 중요한 기억력과 창의력은 어떠한 지능이 복합적으로 작용하여 나타나는 것일까?

학교 교육에서는 학생에 따라 나타나는 특출한 지능을 찾아 계발시켜 주는 것이 중요하다. 과학고에 입학한 학생들은 대부분 논리적인 수학적 지능과 자연관찰 지능이 발달되어 있고, 외국어고에 다니는 학생들은 언어적 지능이 발달되어 있다. 이렇듯 각자가 다양하게 발달되어 있는 지능을 학교에서 찾아주고 계발한다면, 해당 전문분야에서 남보다 앞서 가는 전문가를 양성할 수 있을 것이다.

자신의 최대의 적은 바로 자신이다

학교의 알림판에 모든 대회를 게시하고, 훈화를 통하여 도전정신을 북돋우고, 잘한 학생을 격려하는 활동을 전개하는 이유가 있다. 학교가 다양한 정보를 제공하고 맞춤식으로 지도하면서 격려할 때, 학생들은 자신의 잠재력을 신장시키고 브랜드를 만들 수 있기 때문이다. 자신만의 브랜드를 키워 본 학생은 매사 자신감을 갖게 되고, 자긍심이 높으며, 마음먹은 일은 무엇이든지 성공을 이끌어 낼 수 있다는 신념을 갖게 된다.

모든 일의 수행은 자신과의 싸움에 달려있다. 할 수 없다고 생각한다면 절대로 할 수 없다. 자신의 최대의 적은 바로 할 수 없다고 생각하는 자신의 마음, 즉 자신에게 있는 것이다.

그렇다고 모든 학생이 같은 분야에서 최고의 실적을 쌓아 브랜드를 키우기는 어렵다. 자기가 잘할 수 있는 영역에서 주제를 찾아 트렌드Trend를 바꾸어야 한다. 이제는 레드오션Red Ocean 분야가 아닌 블루오션Blue Ocean 영역으로 눈을 돌려야 할 때다.

자신만의 브랜드 키우는 요령

- 생각과 행동 면에서
  - 자신이 남과 특별히 다른 점을 발견하라.
  - 자신만의 장점을 집중적으로 계발하라.
  - 남과 다르게 생각하고 다르게 행동하라.
  - 작은 성공의 경험을 계속 축적하면 신념으로 변화한다.

- 연구 활동 면에서
  - 최대한 그림, 그래프, 도표 등으로 시각화하라.
  - 작품에서 핵심을 반드시 제시하라.
  - 정성을 다하여 합리적으로 정렬하라.
  - 다른 연구나 가치와 차별화를 기하라.

이미 학생들은 선천적으로 블루오션 적 개성과 재능을 가지고 태어났다. 교육경영자들은 이를 계발할 수 있는 정책을 펼치고, 학생들에게 창의적으로 도전할 수 있도록 기회를 부여하는 것이 중요하다.

광역단체나 학교단위에서는 성장하는 학생들에게 성공의 경험을 많이 쌓을 수 있도록 많은 기회를 부여하고 있다. 성공의 경험을 통한 자신감과 가치관 변화 및 신념의 체득은 청소년에게는 자아실현의 밑거름이고, 나아가 국가·사회 발전에 이바지할 수 있는 큰 원동력이 되는 것이다.

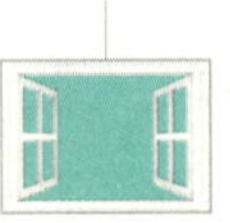

04
리더십의 창

학생은 교사를 닮아간다

선생님이 사투리를 사용하면 학생들도 따라 하고, 아름답고 멋진 여선생님의 헤어스타일과 복장은 미래 여학생의 모습이 된다. 선생님이 칠판에 쓰는 아름다운 글씨는 학생들이 닮아가고 싶어하는 글씨체가 된다.

특히 학생들에게 인기가 많은 선생님의 경우에는 고쳐야 할 잘못된 습관도 학생들이 모방한다. 모방 중에는 일시적인 현상도 있지만, 영원히 고쳐질 수 없는 습관으로 고착되는 경우도 있다.

필자가 고등학교 시절 이야기이다. 모든 학생들의 눈에 띄는 대표적인 특징을 가지고 계신 선생님이 몇 분 계셨다. 그중에 수학 선생님은 다른 때는 안 그런데 유독 교실에서 수업하실 때만은 눈을 크게 뜨고 수업하셨다. 눈을 크게 뜨게 되면 눈썹은 올라가고 이마에는 갈매기 주름이 두세 개 만들어진다. 수학 시간이 끝나면 학생들 중에는 그 선생님 흉내를 내는 학생이 많았다.

화학 선생님은 칠판에 분필 글씨를 꼭 기울여 쓰셨다. 당연히 학생들은 흉내를 많이 냈고 화학 노트 정리를 기울여 쓰는 학생이 많았다. 이렇게 외적인 면에서 선생님 흉내를 내는 학생이 많은 걸 보면 내면적인 면에서는 또 얼마나 많겠는가.

친구 같은 선생님이 존경받는다

몇 년 전 근무했던 학교에서 1,200명의 중학생들을 대상으로 설문조사를 하여 보니, 존경하는 선생님이 안 계신다는 학생은 11%였고, 대부분의 학생들이 존경하는 선생님을 한 분 이상씩 가지고 있었다. 또 좋아하는 선생님을 자신도 모르게 흉내를 내면서 닮아가는 학생은 51%였고, 그중에서 선생님의 말투를 가장 많이 닮아가고 있었다. 그리고 두 번째는 선생님이 사용하는 글씨체였으며, 세 번째가 용모였다.

전반적으로 봤을 때 학생에게 존경의 대상이 되는 선생님은 품위 있는 복장과 용모를 가지고 있으면서 수업을 열정적으로 해주시고, 개별지도를 많이 해주시면서 친구처럼 대해주시는 선생님이었다. 싫어하는 선생님은 이유 없이 손찌검하는 선생님을 가장 싫어했으며, 욕설을 사용하면서 사람을 비하하고, 말도 못하도록

막는 선생님, 옷을 이상하게 입는 선생님, 수업시간을 흐지부지하
게 운영하시는 선생님, 성적으로 차별하는 선생님 순이었다.

선생님을 닮고 싶어 하는 사항 중 가장 큰 것은 존경하는 선생
님의 열정이었으며, 다음으로 말투, 글씨체, 수업자료 만드는 법,
복장과 용모, 너그러운 마음, 운동신경 순이었다.

중학생이든지 고등학생이든지, 성적이 높든지 낮든지 관계없이
학생들은 유능한 선생님과 무능한 선생님을 구분할 줄 알았으며,
선생님의 습관이 좋든지 나쁘든지 관계없이 선생님을 닮아가고
있었다.

농부가 농사를 짓듯이, 공장의 숙련공이 하나의 상품을 만들어
내듯이, 학교에서 선생님들이 학생들을 만들어내서는 안 된다. 학
생은 상품이 아니다. 학생들은 선생님과 똑같은 인격을 갖춘 존
재다. 지금은 비록 자신의 능력을 나타내지 못하고 선생님의 속을
상하게 해도 언젠가는 자신의 능력을 발현시킬 것이다. 자신이 가
지고 있는 최상의 능력을 발현시키는 시기는 영역에 따라서, 사람
에 따라서 다르기 때문이다. 성경 시편에 이런 구절이 있다.

"건축자의 버린 돌이 집 모퉁이의 머릿돌이 되었나니, 이는 여
호와의 행하신 것이요 우리 눈에 기이한 바로다."

세상보다 빠르게 변하라

　요새 신문을 보면 처음 보는 경제학 개론처럼 어려운 내용이 많다. 매일매일 쏟아져 나오는 어려운 외래어는 물론, 새로운 생활 용어에 이르기까지 처음 듣게 되는 말들이 너무나 많다. '내가 이렇게 무식할 수가 있는가' 자신을 탓한다. '아니 나는 정상인데 세상이 너무 빨리 변하는 것은 아닌가' 둘 중의 하나가 분명할 것이다.

　최근에 신문 경제지에 자주 등장하는 용어가 있다. '출구전략'이라는 단어다. 선거일에 투표 막바지 저녁 6시가 되면 방송에서 나오는 말 '출구조사'는 들어 보았는데 '출구전략'은 무슨 말인지 의문이 들었다. 그래서 인터넷으로 '출구전략'이라는 말을 검색해 보았다. '미국이 월남전에서 큰 손실 없이 빠져나오기 위해 사용하였던 전략'이라고 한다. 전술 용어를 경제 상황에서 사용하고 있는 것이었다.

　소비가 감소하고 세계경제에 영향력이 크던 대기업체가 부도 나면서 전 세계 경제가 어려움을 겪고 있는 것이 오늘날의 현실이다. 그나마 우리나라는 빠르게 어려움에서 벗어나고 있다고 한다. IMF 때도 우리는 위기에서 무사히 벗어났다. 우리나라가 다른 어떤 나라보다도 빨리 불경기에서 벗어나는 이유는 무엇일까? 분명 다른 나라 사람들과 다른, 더 나은 무엇이 있기 때문일 것이다. 잘 생각해 보면, 우리나라 사람 대부분이 겪는 무엇이 있는데 아마도 우리나라 국민 88% 이상이 겪는 대학입시에서 얻어진 경쟁의식과 남자라면 누구나 한 번은 다녀와야 하는 군대 생활에서 얻어진 극기력이 아닐까 짐작된다. 그렇다면 경제에서 쓰인 출구전략은 무엇일까?

국가 경제가 어려운 상황에서 벗어나게 되면, 어려울 때 사용하였던 각종 지원책과 세제혜택은 원래의 상태로 되돌려 놓아야 한다. 이것이 바로 '출구전략'이다. '입구전략'은 반대의 개념이니까 각종 지원책과 세제혜택은 입구전략인 셈이다. 고속도로 운행으로 비유하자면, 큰 터널이 전방에 있을 때 운전자는 라이트를 켜고, 추월하지 않으며, 사용하였던 선글라스를 벗게 되는데, 이러한 준비 행위는 입구전략인 셈이다. 터널을 빠져나오게 되면 다시 선글라스를 끼고, 규정 속도를 높이며, 라이트를 끄는 등의 행위가 출구전략이다.

교육활동에서도 입구전략과 출구전략이 존재할 수 있음을 알 수 있을 것 같다. 진학반 학생들에게 사용했던 다양한 정책 즉, 심화학습 이수증서 수여, 면접요령 학습, 봉사활동 인증서 수여, 대학의 심층면접을 겨냥한 교실수업 혁신프로젝트 운영, Study planner 등 다양한 정책들은 입구전략인 셈이다. 학생들의 입시 결과가 나오면 그간 입시 준비로 인해 하지 못했던 교양교육, 독서교육, 사회교육, 체험교육 등 다양한 출구전략을 사용하여 전인

교육에 힘쓰게 된다. 이때 입구전략을 어떻게 사용하였느냐에 따라 학생들의 상급학교 합격률과 1년간의 교육성과가 판가름 난다.

학부모님들은 중·고등학교 6년간 내내 입구전략만을 사용해주기를 바라고 있을 것이다. 아마 사교육 현장은 공교육보다 이런 면에서 더 비중을 두기 때문에 학생들이 사교육 문을 계속 두드리는 것이 아닐까 생각한다. 그러나 실제로 사교육 활동에 투자하는 종합적인 상황 대비 학력 신장은 그렇게 눈에 뜨이게 나타나지 않는다. 왜냐하면 다른 학생대비 위안감이 더 크게 작용하고 있기 때문이다. 저학년 학생들을 사교육 시장에 보내는 또 다른 한 가지 이유는 맞벌이 부모의 경우 부모가 없는 오후 시간을 그래도 안심하고 보낼 수 있는 곳이 학원이기에 탁아 개념으로 보내는 부모도 있다.

세상이 이렇게 빠르게 변화하는데 한 달만 세상과 등지고 살면, 변화에 적응하는 사람과 대화가 가능할까 싶을 정도다. 어쩌다 텔레비전을 보면 농업 분야, 중소기업 분야, IT 분야 등에서 놀랄만한 소식을 접한다. 이것만 봐도 그 분야 전문가들의 노력과 열정이 대단함을 알 수가 있다.

교육도 예외는 아니다. 교육방법 면에서, 학생상담분야에서, 교수기술 면에서, 놀랄만한 설득력과 과학적인 분석력, 교육내용 및 교수기술을 가지고 교육활동을 전개하는 사람들이 많이 있다. 교육에서 피교육자와 청중을 변화시키려면 자신부터 변화하여야 한다. 세상의 변화보다 빠르게 자신을 변화시키고, 교육내용을 창안

하여야 하며 교수기술을 연마하여야 한다. 이렇게 될 때, 학생들
에게 더 큰 감동을 주게 되고, 교육효과도 증대시키게 되는 것이다.

학생은 교사의 연습대상이 아니다

신문을 보면 우리나라 사람들은 모두가 교육에 대해 한마디씩 하고 있다. 직업의 종류와 관계없이 입시제도가 어떻고, 학생 교육이 어떻고 하며 자기의 의견을 거침없이 쏟아낸다. 하기는 대다수의 국민이 보통교육을 거쳐 고등교육까지 받은 학벌주의 사회이고 보면, 누구나 다 교육 관련 경험자인 것은 맞다. 하지만 대부분의 사람들은 교육에 대해 자기중심적으로 말하고 있다. 교육에 종사하는 사람이라면 현실에서 교육이 모든 이의 생각처럼, 쉽게 말하는 것처럼, 쉽지 않다는 것을 알고 있다. 교육이 어려운 가장 큰 이유는 이 세상에 같은 사람은 한 사람도 없다는 것 때문이다.

각기 다른 아이들에게 바른 교육을 하려면, 교육도 각 개개인에게 맞게 개별화 교육을 하여야 한다. 그런데 어디 이게 쉬운 일인가. 교사는 한 사람이고 학생은 30명이 넘는다. 한 교과목에 제한된 시간도 40분 내지 50분 정도다. 어떻게 제한된 조건에서 개개인에게 맞는 교육을 한단 말인가. 의사가 환자 30여 명을 놓고 한꺼번에 진료하는 것과 다를 바가 없다. 그렇다면 이 경우에 의사는 진료가 가능하겠는가?

교육을 잘 아는 사람일수록 교육이 어렵다는 것을 토로하고 있다. 그렇다면 어떻게 하면 교육을 잘할 수 있는가. 먼저 교사는 확고한 교육관을 가지고 있어야 한다. 교육적 소신에 따라 교육의 결과가 크게 달라지기 때문이다.

나는 젊었을 때에는 그 누구로부터도 교육관에 대한 말을 들어 본 적이 없다. 오직 경험을 통해 나름의 교육관을 갖게 되었다. 학생을 교육하면서 늘 여러 가지 고뇌에 사로잡혔었다.

'나는 단순히 교과서의 지식만을 전달하는 사람인가', '직업적으로 교사이기 때문에 학생들 앞에 서서 그날그날의 할 일만 되풀이하는 것은 아닌가'에 대해 진지하게 고민한 적도 많았다. 교육활동 15년이 지났을 즈음 그 무엇인가 머리에 쌓이는 느낌 같은 것이 생기기 시작하였고, 그것이 교육관임을 알 수 있었다.

'인간은 태어나서 누구나 개인의 소질과 능력에 맞는 교육을 받아 그 문화에 적응하면서 행복하게 살 권리가 있다.'

늘 이렇게 생각하며 교단생활을 하고자 노력했다. 인간이 세상에 태어날 때에는 생긴 모습도 성격도 재능도 모두 다르게 세상에 태어난다는 것을 인정하되, 인간의 존엄성은 누구나 귀중하고, 타인으로부터 존중을 받아야 한다. 타고난 소질과 능력이 다르기에 기초·기본적인 요소만 같이 공부하고, 직업선택의 요소인 소질 면에서는 다른 조건에서 교육을 받아야 한다는 것도 느꼈다.

나는 학교를 경영하면서 선생님들의 교육관을 교육계획에 모두 담으려고 애썼다. 이러한 생각은 다른 모든 선생님들도 호의적으로 받아들이고 있다. 교사끼리 자기의 교육관과 다른 선배 교사의 교육관을 보면서 스스로 발전할 수 있는 계기가 될 수 있어야 한다. 이렇게 교육관이 확립된 후에 교사는 교육내용을 어떻게 가르칠 것인가를 연구하는 것이 좋다. 학생이 반드시 알아야 할 좋은 내용도 교수 방법이 잘못된다면 학생을 기대한 만큼의 학습 목표에 도달시킬 수 없기 때문이다. 이 때문에 교수법에 대한 부단한 연구가 필요한 것이다. 서로 지능도 다르고, 성격과 소질도 다르며, 자란 환경도 다른 학생들에게 자신이 지도하고자 하는 내용을 어떻게 지도할 것인가를 끊임없이 생각해야 한다.

자신의 교수법 몇 가지를 습득한 후에는 교재연구를 많이 하는 것이 중요하다. 교재연구는 많이 하면 할수록 지도를 잘할 수 있고 재미있게 지도할 수 있게 된다. 이와 같은 것들을 뒷받침하는 것은 오직 열정뿐이다. 열정이 없으면 가르치는 사람도 재미가 없다. 가르치는 사람이 재미없어하는데 배우는 사람이 재미있어하겠는가? 가끔은 자신에게 진지하게 물어볼 필요가 있다.

학생이면 누구나 공부를 잘하고 싶고, 희망하는 상급학교에 진학하여 보다 더 높고 깊은 학문의 세계를 섭렵한 후, 좋은 직장에 취업하여 자신의 적성에 맞는 일을 하면서 보람을 찾고 행복한 생활을 하기를 희망한다. 그러나 말처럼 쉽지 않다. 말처럼 인생이 잘 풀려 사는 사람이 얼마나 되겠는가?

자아실현을 이루는 데 가장 중요한 시기를 물으면 거의 다 학창시절을 손꼽는다. 그렇다면 학창시절 가장 큰 영향을 주는 요소는 무엇일까? 당연히 책과 지도교사다. 즉, 지도교사의 지도방법에 따라 학생의 학력이 지대한 영향을 받는다.

나는 평소 수업시간에 3가지 눈높이(3원화 수업)로 교육활동을 전개하였다. 교육내용에 대하여 수준 높은 설명, 평범한 설명 및 낮은 수준의 설명을 하는 것이다. 또한 언어적인 해석과 수학적인 해석, 과학적인 해석을 통해 이를 이해시키고자 하였다. 이동식 수준별 수업이 아니라 전체 학생들이 그대로 자리에 앉아 있는 대로 수준별 수업을 하는 것이다. 그 방법은 학생들의 학력을 높이고 전체 학생들의 관심을 증대시키는 데 도움이 되었다. 나의 교육경력이 많아질수록 경험을 바탕으로 이를 더욱 구체화시켜 나갔고, 수준 높은 내용을 공부하고자 하는 학생들로 동아리를 조직하여 학생들이 요구하는 수준의 학습활동을 전개하였다.

확고한 교육관을 가져야 한다

학교에서 교사는 대단히 바쁘다. 잡다한 업무 추진하랴, 교재 준비하랴, 굉장히 바쁘다. 그래도 교사가 틈틈이 시간을 내어 학생들의 학습활동을 도와준다면 학생들은 분명 자기의 역량을 최대한 발휘할 수가 있다. 교사도 학생을 지도하면서 늘 되풀이되던 일상생활에서 재미를 찾을 뿐만 아니라 보람도 얻을 수 있다. 나중에 좀 더 시간이 있을 때 전체 학생들을 모아 놓고 학생들이 잘 이해를 못하는 내용을 수업해 주면 효과가 좋다. 부진아 교육도 같은 방법으로 하면 어느 정도 해결해 나갈 수 있다. 부진아 교육의 최대 장애는 학생들이 부끄러워하기 때문에 따로 모아놓고 교육하기가 어렵다는 데 있다.

수업과 시간 외 활동 등을 하면서 경력이 점차 많아짐에 따라

교사들도 각자의 교육관이 서서히 정립될 것이다. 그리고 서서히 확립되어가는 교육관은 교육철학이 되고, 이때 교사의 의미 있는 교육활동은 더 가치를 발휘하게 된다.

학생을 대상으로 하는 교사의 활동은 연습이 없다. 아예 연습은 있을 수가 없다. 학생은 교사의 연습대상이 아니기 때문이다. 학생들에게 있어 흘러가는 시간은 인생이고, 현재는 미래를 결정짓는 중요한 요소다. 그렇게 귀중한 시간을 연습대상으로 삼지 말고 스스로 열정을 북돋아 더욱 교육에 매진해야 한다. 교과 내용만 전달하면 어디서나 볼 수 있는 흔한 선생님이고 열정을 쏟으면 귀한 선생님이 되며 인격을 쏟으면 스승이 된다. 지도교사의 인격과 교육철학은 학생의 자아실현과 행복한 삶의 원천이다.

변화를 창조하는 학교장의 리더십

교장선생님이 등교하는 학생들을 맞으며 하이파이브를 한다. 학생들을 껴안아 주기도 한다. 만약 한국 학교에서 이런 일이 있다면 아마 그 교장은 성희롱이나 성폭력범이 됐을지도 모른다. 〈동아일보〉에서 소개한 이 이야기는 미국의 뉴멕시코 주의 벽촌 인디언 마을에 위치하는 토하치 초등학교의 사례다.

이 학교에는 3년 전에 부임한 조지 비커트 교장이 있었다. 그가 부임할 때는 아이들은 풀이 죽어 있었고, 학업성취도 평가는 겨우 28%(미국 평균 66%)로 전국 꼴찌였으며, 학부모는 아이들이나 학교에 관심이 없었다. 교사들은 이런 현상을 어쩔 수 없는 것으로 받아들였다. 이러한 학교에서 비커트 교장이 맨 먼저 생각한 것은 '활기찬 학교'를 만드는 것이었다. 그래서 매일 아침 등교하는 학생들을 맞이하는 것을 시작으로 교육과정 상에 즐거운 시간을 많이 만들었다. 아이들이 실내교육을 지겨워할 때는 운동장에 데리고 나가 농구도 하였다. 그리하여 학생과 교사 간에 유대를 강화하고 신뢰를 구축해 나갔다. 매주 쪽지시험을 보면서 목표를 설정하게 하고 '당근'을 가하여 마음의 벽을 허물었다. 시험점수가 낮고 행실이 바르지 못할 경우에는 채찍보다는 격려를 통해 가능성을 열어 주었다. 설정한 목표를 한 반에서 모든 학생이 달성하면 파티를 열어 주었다. 그 결과 3년 만에 수학과목 학업성취도평가를 15%에서 78%로 끌어 올리는 성과를 거두었고, 이는 대도시

사립학교를 웃도는 전국 최상위권 성적이었다고 한다.

　다음은 〈조선일보〉가 소개한 미국의 공립 고등학교인 브롱스 과학고 이야기다. 브롱스 과학고는 노벨상 수상자를 많이 배출한 학교로 유명하다. 한 학교에서 수상자 8명을 탄생시켰으니 놀랄 만도 하다. 학교는 학생들에게 학생의 소질과 적성을 중시한 멘토를 연결해 주고, 각종 연구 프로젝트를 진행할 수 있는 전문 실험실을 마련해 주었다. 브롱스 과학고가 이렇게 많은 세계적인 인재를 배출한 비결은 바로 학교경영에 있었던 것이다.

　인재육성은 학교가 학교장을 중심으로 어떠한 비전을 가지고 어느 방향으로 가느냐에 따라 좌우된다. 매 학년도가 되면 학교장은 올해 학교가 나아갈 방향을 정하여 전 직원에게 협조를 당부하고, 한마음이 되어 일할 것을 말하는 시간을 가진다. 학교장으로부터 학교회계직원에 이르기까지 전 직원이 같은 목표를 가지고 공감대를 형성하여 열심히 일할 때 학교는 발전한다. 짧은 시간이지만 하나가 된 목표설정은 학생들의 바른 인성함양과 학력 신장을 기할 수 있는 초석이 되어, 한 해 동안 즐거운 학교가 된다.

　학교장이 전 직원이 공감할 수 있는 경영목표를 선정할 경우에는 소기의 목적을 이루겠지만, 잘못된 경영목표는 갈등만을 부추긴다. 따라서 종합적인 SWOT분석(Strength, Weakness, Opportunity, Threat)을 통한 냉철한 실태 파악이 필요하다. 파악한 결과 약점(W)

이나 위협(T)의 요소가 커서 학교장의 경영철학을 반영할 수 없을 때에는 학교장은 전략을 수립하여 약점과 위협을 강점(S)과 기회(O)로 전환시킬 수 있어야 한다. 그래야 학생을 중심으로 한 전인교육활동을 성공적으로 수행할 수 있기 때문이다. 이때 약점과 위협의 요소가 큼에도 불구하고, 이를 무시하고 경영목표를 설정하여 추진하게 되면, 조직원 간에 갈등만을 부추기게 되며 불협화음만 커지게 된다. 불협화음은 결국 업무추진은 고사하고, 인간적 갈등요소로 변질되어 오해와 음해, 따돌림과 괴롭힘, 분열과 파당, 밀고와 악성 인터넷 게재 등으로 이어지게 된다.

학교 경영목표를 설정할 때는 세 가지를 염두에 두어야 한다.
첫째는 학교가 지향하는 방향이고, 둘째는 학생을 어떻게 변화시킬 것인가 이며, 셋째는 교사의 교육활동에 임하는 태도다.

학교가 지향하는 방향은 학교의 종합적인 이미지 제고를 의미한다. 학교는 밀집된 인간중심의 생활공간으로 미래사회의 주역인 학생을 교육하는 장소이다. 따라서 학교장은 잠재적 교육과정을 중심으로 한 이미지를 학교 상으로 설정하여야 한다. 예를 들면 교육환경, 전통, 인간관계, 교육공동체 구축, 교육 가치관 등이다. 학생상은 학생의 학습활동을 조장하는 내용들이 소재가 될 수 있다. 예를 들면 도전의식, 학업성취의욕 고취, 원대한 꿈과 희망의 다짐, 목표의식 등이다.

교사상은 교사가 가지는 의미를 충분히 고려하여 설정하여야 한다. 교사는 가르치는 교육자로서의 의미도 있지만, 인생 선배, 인격자, 조력자, 전문가, 안내자, 상담자 등 다양한 의미를 지니고 있다. 이런 다양한 의미가 있는 이유는 학생을 대상으로 하는 활동이기 때문에 열정, 전문성, 지도력, 책임감, 교수활동 등에서 탁월하기를 바라고 있다는 의미다. 그러나 학교상이나 학생상, 교사상이 너무 추상적이어서 성과 분석이 어려울 경우에는 의미가 없어진다는 것을 명심해야 한다.

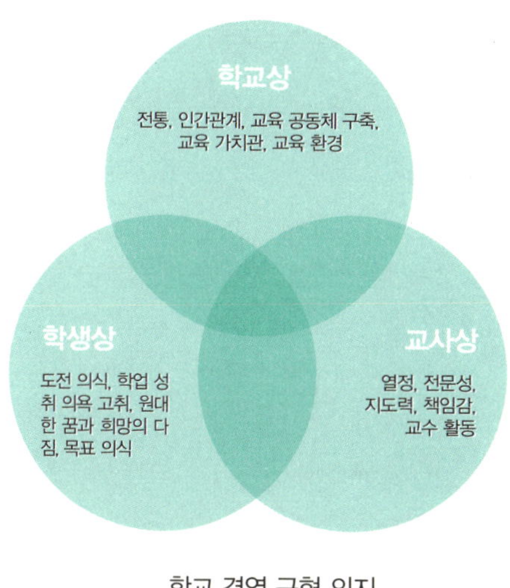

학교 경영 구현 의지

학교장의 리더십은 구현 의지만으로 끝나서는 안 된다. 구현 의지를 실천할 수 있는 각 부문의 방향제시까지 이루어져야 한다. 예를 들면 교육과정 운영, 인성교육 추진방침, 학생 생활지도 방향, 학력 신장 방안, 교과 문화 활동, 교육환경 조성 등에서 경영의지를 밝힐 필요가 있다.

학교장의 리더십에서 빼놓을 수 없는 것은 교직원의 업무 처리 요령이다. 업무 처리는 법과 규정을 준수하여 객관적이고 공정하게 처리하고, 하나의 사업을 계획하여 추진할 때에는 세련된 안목으로 철저한 준비 하에 추진하여야 하며, 추진 중에는 세심한 확인·점검이 필요하다.

학생교육활동이나 업무 처리가 잘못되면 결국은 모든 것이 인간관리로 귀결되기 때문에 학교장의 리더십 부재로 이어진다.

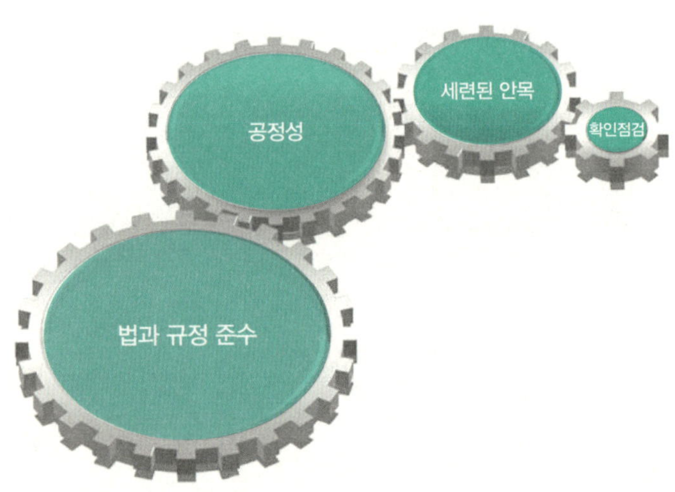

학교장의 업무 처리 요령

인간관계의 중요성

　교사가 상대하는 사람은 주로 학생이고 학부모이다. 학생은 아직 어리고 배우는 과정에 있는 사람들이다. 모범적인 인격을 소유한 교사가 미성숙한 학생을 대상으로 교육활동을 전개하는 것은 세상에서 가장 가치 있는 일 중의 하나이다. 세상을 훌륭하게 살려면 많은 것을 배우고 알아야 하는데 방법은 두 가지가 있다. 한 가지는 배워서 아는 방법이고, 다른 한 가지는 경험을 통해서 알게 된다. 이렇게 본다면 학생들은 두 가지 면에서 모두 부족하다. 배움도 부족하고 경험은 더더욱 없다. 그러나 교사는 학생들에게 어느 정도 완벽한 것을 요구하고 있다. 그래야 가르치기가 수월하고 잘 알아듣기 때문이다. 수용 능력만이라도 잘 갖추어져 있었으면 하고 바란다.

　다른 한쪽은 학부모다. 학부모는 세상을 살아본 경험이 많다. 살아보니 학창시절에 공부하지 않으면 세상을 힘들게 살 수밖에 없다는 것을 안다. 그러니 자녀에게 기대하는 것이 있다.

　교사는 이러한 학생과 학부모와 접하면서 교수활동과 업무를 추진하고 있다. 이렇게 두 집단 속에서 생활하는 교사는 자칫 시행착오를 범할 수 있는데, 예를 들면 미성숙한 학생에게 인격적 모욕을 가한다거나, 친절하지 못하고 공정하지 못한 행동과 업무추진으로 말썽을 빚게 되는 경우다. 한편으로는 학부모에게 청렴하지 못한 행위를 하여 부작용을 낳기도 한다.

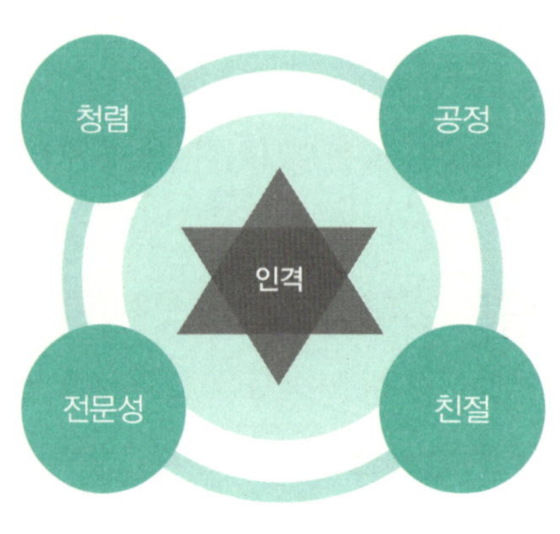

교사의 자세

모든 일은 법과 규정을 준수하는 것이 기본 절차다. 그 당시의 상황에 따라 임기응변으로 대처할 경우에는 일관성도 없고, 법적인 문제가 발생하여 신상에 큰 문제가 발생할 수도 있다. 향응 접대나 금품수수, 납품비리 등 청렴하지 못한 행위를 해서는 절대 안 된다.

교사가 갖추어야 할 덕목은 많다. 친절하고 부드러운 전화 받기, 친절하고 자상하게 안내하기, 상대방에게 호감을 주는 상담하기, 공정한 학업성적 처리와 업무추진, 해박한 지식과 전문성이 높은 친절한 교수활동 등이다. 지켜야 할 덕목만큼 교사라는 존재가 중요하다는 뜻임을 명심해야 한다.

환경이 좋으면 성적이 오른다

　학교 밖을 순찰하던 중, 학교 담장 구석에 붉은 벽돌 사이로 뿌리를 박고 예쁜 꽃을 피운 봉숭아 한 그루를 발견했다. 나는 어떻게 봉숭아가 물기 하나 없는 벽돌담의 윗부분에서 발아했으며, 어디에서 수분을 흡수하여 저렇게 생존하고 있는 것일까? 참으로 궁금하였다. 저 여린 봉숭아가 75년 만에 온다는 이 엄청난 가뭄에 과연 제대로 살 수 있을까? 슬쩍 걱정됐다. 그래서 좋은 곳에 심어주려고 줄기를 잡고 살짝 흔들어 보았다. 그러나 봉숭아는 끄떡도 하지 않았다. 결국, 옮겨 심는 것을 포기하고 사무실로 돌아오면서 문득 어렸을 때 기억이 떠올랐다. 여학생들의 작은 손톱을 아름답게 물들였던 그 봉숭아! 그때 여학생들의 손톱은 어찌 그렇게 아름다웠던지. 그때 번개처럼 한 가지 생각이 머리를 스치고 지나갔다. '학교 화단에 봉숭아를 비롯한 우리 전통 꽃을 심자! 그리하여 학생들의 정서를 순화시키고, 여학생들에게 아름답게 손톱을 물들여 보게 하고, 남학생들도 엄마의 손톱을 물들여 드리고 부모님과 대화하면서 소통의 시간을 갖도록 만들어보자. 봉숭아를 매개로 부모님과 대화를 나누면 학생들의 실천적 인성은 훨씬 나아질 것이다.'라는 생각을 갖게 되었다.

　오늘날 학교에는 '학교폭력'이라는 네 글자로 홍역을 앓고 있다. 봉숭아꽃으로 아름답게 가꾸어진 화단을 보면 학생들의 학력도 지금보다 훨씬 좋아질 것 같은 예감이 들었다.

김상운은 그의 저서 『왓칭』에서 미국 미시간대학의 마쯔오카 교수가 101개 고등학교를 대상으로 조사 연구한 내용을 기록하고 있는데, 창밖으로 내다보이는 식물이 많을수록, 자주 내다볼수록, 창문이 크면 클수록 학생들의 성적도 좋고 대학 진학률도 높았다는 것이다. 또한 미국 캘리포니아주의 포오우크스 초등학교에서는 '창밖을 내다볼 수 있는 아이의 성적이 20% 이상 수직 상승하였다.'라는 결과를 얻었다고 발표하였다.

확신을 갖게 된 나는 하나하나의 계획을 착실하게 수립해 나갔다. 그러나 두 가지 문제가 있었다. 우리 전통 꽃의 씨앗을 구하는 것과 학생들이 밟아서 반질반질하게 길이 나 있으며, 수분과 거름기 하나 없는 화단이 문제였다. 우선 봉숭아 씨앗은 수소문한 결과, 강원도에서 구입할 수 있었다. 화단은 인부를 구하여 괭이로 파서 골을 내고 거름도 사다가 뿌렸다. 제법 그럴듯해지자 더 화사한 화단으로 만들고 싶어서 봉숭아 말고도 다양하게 씨앗을 구입했다. 드디어 마지막 씨앗을 뿌릴 차례다. 키가 제일 큰 해바라기는 화단의 중앙에, 다음은 맨드라미, 백일홍, 분꽃, 봉숭아 순으로 씨앗을 뿌린 후, 화단의 가장자리 쪽으로 채송화를 뿌렸다. 코스모스는 다른 곳에 군락을 만들었다. 씨앗을 뿌리고 나서 나는 기회 있을 때마다 물을 주었다. 뿌린 씨앗의 양이 20kg 정도 되니 많이도 뿌린 셈이다. 그러나 생각지도 않게 75년 만에 오는 가뭄이라는 복병을 만났다. 씨앗이 싹트려면 흙에 물기가 있어야 하는데 흙에는 물기가 전혀 없었다. 그래서 나는 매일 물을 주다시피

했다. 그리고 얼마 뒤, 물을 준 화단에서는 새싹이 파랗게 돋아 나왔다. 신기했다. 거름이 있는 곳에서는 싹이 굵게 나왔지만, 거름이 닿지 않은 곳에서는 약하게 싹이 자랐다. 식물이 자라는 데 거름의 중요함을 교훈으로 얻을 수 있었다. 아마도 학생들의 성장도 이 모습과 같을 것이라는 생각이 들었다.

싹이 난 후로 이틀에 한 번꼴로 물을 주었더니 식물은 하루가 다르게 자라 꽃을 피웠다. 삼삼오오 모여 꽃구경을 하는 학생들의 모습이 보였다. 꽃 앞에는 꽃말을 새긴 푯말도 세워두었다. 코스모스의 꽃말은 순정, 봉숭아는 희망, 백일홍은 그리움, 해바라기는 동경·숭배·의지, 분꽃은 수줍음, 채송화는 가련함·순진함, 맨드라미는 건강·타오르는 사랑 등이다. 꽃의 아름다운 자태만큼이나 아름다운 꽃말을 가지고 있었다.

잘 가꾸어진 화단

이제는 어느 정도 꽃 감상을 하였으니, 본래의 목적인 봉숭아를 통하여 부모님과 소통의 기회를 갖게 하고, 손톱에 봉숭아를 물들이면서 또 다른 아름다움을 가져볼 차례라는 생각이 들었다. 학교에서 명반을 구입하여 각 학년에 배분하고, 손톱에 가장 아름답게 물을 들인 학생을 선발하여 선물을 주는 이벤트를 기획했다. 봉숭아 꽃잎과 잎에 명반을 섞어 빻아서 집에 계신 엄마의 손톱도 물들이면서 담소를 나누는 시간을 갖기 위함이었다. 그렇게 하루를 정하여 일제히 봉숭아 꽃잎을 따가도록 선언하였다. 선언하고 바로 다음날, 그 무성하던 봉숭아는 줄기만 남게 되었다. 그 대신 아름답게 물들인 여학생들의 손톱과 약지를 물들인 일부 남학생들의 모습을 볼 수 있었다. 흐뭇하게 바라보고 있는 나에게 학생들이 다가오더니 집에서 부모님과 함께 손톱에 봉숭아 물을 들이면서 아름다운 이야기를 많이 나누었다고 전해주었다. 그 말을 듣는 순간, 그동안 가뭄과 더위를 이겨가면서 힘들게 물을 주던 일, 화단을 밟고 다니려는 학생들을 지도하던 힘든 일들이 모두 보람으로 승화되었다. 그뿐만이 아니었다. 그해의 국가수준학업성취도 평가도 지역에서 가장 우수한 성적을 거두어 중앙일간지에 실리기도 했다.

| 미래 선진한국의 리더는 청소년 여러분입니다 |

신입생 여러분!

여러분은 미래 선진한국을 선도할 자랑스러운 학생이며 학교의 주인입니다. 여러분은 장차 이 나라 각계각층의 지도자가 되어 무질서와 비리로부터 병들어가는 우리 사회를 바로 세우고, 인류를 질병과 굶주림으로부터 벗어나게 하여야 하며, 병들어가는 지구 환경을 구해야 합니다. 이러한 꿈을 실현하기 위해서는 여러분 모두가 원대한 꿈과 비전을 가지고, 자랑스러운 학생으로서 자신의 인성과 창의성을 키워 나가야 합니다.

자기 자신이 너무나 작은 존재라고 생각해서는 안 됩니다. 긍정적인 자아개념을 가지고 열심히 공부하여야 합니다. 육당 최남선은 18세에 우리나라 문학잡지의 금자탑인 〈소년〉지를 제작하였으며, DNA 구조를 밝혀낸 크리크Francis Click는 26세에 노벨상을 받았습니다.

이와 같은 큰 업적은 용기와 실력으로부터 나옵니다. 용기 있는 학생을 키우기 위해 영국의 윈스턴 처칠은 명문 옥스퍼드 대학에서 "Never give up ! Never ever give up !"을 학생들에게 강조하였고, 미국의 스티브 잡스는 스탠퍼드대에서 "Stay hungry. Stay foolish!"를 마지막으로 연설을 마쳤습니다.

사랑하는 신입생 여러분 !

여러분들이 훌륭한 지도자가 되기 위해서는 몇 가지 조건이 있습니다.

첫째, 인성적으로는 자신과 공동체의 일을 바르게 스스로 결정하여 실천하는 자주적 인간, 자연을 사랑하고 인간을 존중하며 규범을 따라 행동하는 도덕적 인간이 되어야 합니다.

둘째, 학습활동 면에서는 지식과 기술을 익혀 문제를 합리적으로 해결하는 지성적 인간, 새로운 것을 생각해내고 도전하는 창의적 인간이 되어야 합니다.

셋째, 건강 면에서는 올바른 정신과 튼튼한 몸을 가진 건강한 인간, 고상한 취향을 갖고 아름다움을 추구하는 심미적 인간이 되어야 합니다.

여러분 모두가 학교의 규정과 규칙을 준수하고, 자기 할 일을 스스로 해결해 내며, 열심히 공부할 때 여러분은 자랑스러운 학생이 될 것입니다. 학교의 모든 선생님들은 여러분의 자아실현을 위해서 열성을 다하겠습니다. 멋진 꿈을 펼칠 것을 기대합니다.

| 사랑과 존경, 신뢰의 공간을 만든다 |

성하盛夏의 따가운 날씨와 태풍으로 인해 올여름은 유난히 고생스러웠던 시기인 것 같습니다. 이제는 가을이 성큼 다가온 9월을 맞이하여 학부모님 댁내 모두 평안하신지요?

저는 9월 1일 자로 학교에 교장으로 부임하였습니다. 그간 각급 학교장을 역임하면서 가졌던 학생교육활동 및 진학지도 경험과 교육청에서 가졌던 교육행정경험을 바탕으로 우리 학교 학생들이 꿈과 희망을 펼치는 데 최선을 다할 것을 약속드립니다.

선생님은 학생에게 사랑과 정情을 주어 지도하고, 학생은 선생님을 존경하는 마음으로 따르며, 청렴, 친절, 공정행정 구현으로 신뢰가 감도는 학교를 만들 것입니다. 이러한 학교 분위기는 결국 학생들에게 귀착되어 높은 도전과 높은 성취로 모든 학생들이 자아실현에 한 걸음씩 다가서는 계기가 될 것입니다.

학생들에게서 나타나는 성공의 경험과 성취도는 선생님들의 전문성과 지도 역량에 영향을 많이 받습니다. 이에 질 높은 수업, 책임 있는 지도로 학생으로부터 존경받는 스승 상을 정립하도록 노력하겠습니다.

이와 같은 학교 상과 학생 상, 스승 상을 정립하기 위해서 저는 3가지의 중요한 임무를 수행해 나갈 것입니다.

첫째, 다원화 교육과정 적용과 양질의 교육 프로그램을 제공할 것입니다.

다원화 교육과정의 적용은 우리 학교의 모든 학생들이 행복해하고 즐거워할 수 있는 교육과정 운영방법입니다. 동질집단同質集團이 아닌 학생들에게 고등학교 과정의 기초·기본학력을 최대한 이해하도록 하는 데는 양질의 교육 프로그램을 선택하여 다원화 수업, 더 나아가서는 개별화 수업의 교수활동을 전개하는 것입니다. 그리하여 모든 학생들이 만족해하고 학력이 신장되며 선생님들이 보람을 느낄 수 있도록 지원할 것입니다.

둘째, 맞춤형 진학·진로지도를 전개할 것입니다.

일반계고등학교는 설립 목적이 특성화 고등학교처럼 직업교육을 직접 시행하는 기관이 아니고, 학생의 적성과 소질에 맞는 진로의 개척 능력을 길러 주는 진로준비기관입니다. 자기의 적성과 소질에 맞는 대학에 진학하여 진로전문화교육을 마친 후 자아실현과 사회에 기여하도록 하는 글로벌 인재육성기관입니다.

이에 학교에서는 학생의 꿈과 희망을 실현하기 위하여 창의와 인성이 융합된 맞춤식 진학·진로지도를 전개해 나갈 것입니다.

셋째, 교육 공급자와 수요자가 모두 만족하는 쾌적한 학습 환경을 만들어갈 것입니다. 교과 과정 수행과 다양한 교육활동을 전개하는 데는 그 활동에 알맞은 환경이 필요합니다. 또한 필요한 교육기자재가 제공되어야 합니다. 선생님들의 교수활동과 학생들의 학습활동에 어려움이 없도록 최선을 다하겠습니다. 급식 분야도 학생들에게 즐거움을 제공하고 건강을 증진시키는 급식환경과 식단을 운영하도록 노력하겠습니다.

그 밖에 학생들의 배정 효과를 교육 효과로 극대화시키기 위해서 〈Study Planner〉 활용을 통한 자기 주도적 학습능력 신장과 1학생 1최고 브랜드를 키우기 위하여 학생마다 소질을 발굴하여 집중 지도를 할 것입니다.

존경하는 학부모님 여러분!

'사람은 습관의 복합체'라고 합니다. 학창시절의 잘못 길들여진 습관은 성인이 되어서도 고치기가 참으로 어렵습니다. 미국 하버드의 교수이자 실용철학자인 윌리엄 제임스의 말처럼 "생각이 바뀌면 행동이 바뀌고, 행동이 바뀌면 습관이 바뀌고, 습관이 바뀌면 인격이 바뀌고 인격이 바뀌면 운명이 달라집니다." 우리 학생들이 사용하는 언어, 학교생활, 가정생활, 친구 관계, 건강관리, 준법질서 행동, 휴대폰을 비롯한 전자제품 활용습관에 이르기까지 우리의 생활은 대부분 습관에 젖어 있습니다. 학습도 마찬가지입니다. 학습의 3박자인 긍정적 자아개념, 강한 성취동기, 바른 학습 습관을 가지고 지속적으로 발전시켜 나아가야 합니다. 그리하여 작은 성공의 경험을 하나하나 쌓아 학업에 시너지효과를 만들어야 합니다.

존경하는 학부모님 여러분!

그간 여러모로 아낌없이 협조하여 주신 학부모님과 학생, 선생님들이 계셨기에 우리 학교가 여기까지 발전해 오지 않았나 생각합니다.

제가 부임한 이후에도 늘 기도하는 마음으로 학생들을 격려하고 지도하여 지속적으로 학교가 발전하도록 노력하겠습니다.

학년 말에 학생 개개인에게 나타나는 결과는 노력에 비례하여 나타날 것입니다. 행운도 노력한 사람에게만 주어집니다.

우리 학교의 모든 교직원은 학교의 각종 업무를 청렴하고 공정하며 투명하게 처리하고 친절하게 안내할 것입니다. 학부모님들께서도 많은 협조를 해주시길 기대합니다. 늘 자녀 뒷바라지에 노고가 많으신 학부모님께 감사드리며, 다가오는 가을의 정취가 학부모님 댁내에 가득하시길 기원합니다.

[참고문헌]

·《긍정의 힘》, 조엘 오스틴 著 , 정성묵 譯, 두란노서원, 2006

·《왓칭》, 김상운 著, 정신세계사, 2011

·《영재교육》, 조석희 외 7인 著, 한국교육개발원, 2002

·《창의성의 이해》, 한기순 著, 한국교총영재교육원, 2008

·《일곱 살부터 하버드를 준비하라》, 이형철 조진숙 著, 웅진지식하우스, 2007

·《탤런트코드》, 대니얼 코일 , 윤미나 옮김, 웅진지식하우스, 2009

·《아웃라이어》, 말콤 글래드웰 著, 노정태 옮김, 김영사, 2009

·《역사 인물 탐구》, 한상남 이영호 송재찬 이붕 윤수천 이상교 著, 지경사, 2010

·《명심보감》, 추적 著, 김영진 엮음, 매월당, 2009

·《유태식 육아법》, 루스 실로 著, 박인덕 譯, 언어문화사, 1983

'행복에너지'의 해피 대한민국 프로젝트!
〈모교 책 보내기 운동〉

대한민국의 뿌리, 대한민국의 미래 **청소년·청년**들에게 **책**을 보내주세요.

많은 학교의 도서관이 가난해지고 있습니다. 그만큼 많은 학생들의 마음 또한 가난해지고 있습니다. 학교 도서관에는 색이 바래고 찢어진 책들이 나뒹굽니다. 더럽고 먼지만 앉은 책을 과연 누가 읽고 싶어 할까요?
게임과 스마트폰에 중독된 초·중고생들. 입시의 문턱 앞에서 문제집에만 매달리는 고등학생들. 험난한 취업 준비에 책 읽을 시간조차 없는 대학생들. 아무런 꿈도 없이 정해진 길을 따라서만 가는 젊은이들이 과연 대한민국을 이끌 수 있을까요?

한 권의 책은 한 사람의 인생을 바꾸는 힘을 가지고 있습니다. 한 사람의 인생이 바뀌면 한 나라의 국운이 바뀝니다. **저희 행복에너지에서는 베스트셀러와 각종 기관에서 우수도서로 선정된 도서를 중심으로 〈모교 책 보내기 운동〉을 펼치고 있습니다.** 대한민국의 미래, 젊은이들에게 좋은 책을 보내주십시오. 독자 여러분의 자랑스러운 모교에 보내진 한 권의 책은 더 크게 성장할 대한민국의 발판이 될 것입니다.

도서출판 행복에너지를 성원해주시는 독자 여러분의 많은 관심과 참여 부탁드리겠습니다.

꿈의 크기만큼 자란다

조영탁 지음 | 280쪽 | 값 15,000원

'꿈'이라는 목표가 있기에 삶은 가치가 있고 사람은 미래를 향해 전진한다. 가장 중요한 점은 꿈의 크기에 한계를 두지 않았을 때 사람은 성장한다는 사실이다. 지금보다 더 '큰 사람'이 되고 싶다면, 성공을 위한 비전을 정확히 내다보고 싶다면 『꿈의 크기만큼 자란다』와 그 첫발을 시작하자.

소리

정상래 지음 | 352쪽 | 값 13,500원

총 4권으로 구성된 『소리』(1부 – 한이 혼을 부른다)는 10년의 집필 기간이라는 혼신의 피땀이 담긴 역작이다. 『토지』나 『태백산맥』을 연상시킬 만큼 방대한 분량과 치밀한 구성, 유려한 서사는 이 나라, 바로 나 자신의 존재 가치와 이유를 증명하고 있다. 한 여인의 기구한 생이 한을 낳고 그 한이 혼으로 승화하는 과정을 통해 독자는 그 어느 작품에서도 맛볼 수 없었던 감동과 글의 풍미를 느낄 것이다.

인생 네 멋대로 그려라

이원종 지음 | 304쪽 | 값 15,000원

내 인생은 남이 그려 주지 못한다. 내가 그려야 한다. 내가 하고 싶고 나만이 할 수 있는, 독특한 내 멋대로의 인생을 그려 가야 한다. 이왕이면 대작, 천하를 호령하는 걸작을 그려 가야 하지 않겠는가? 자신이 느끼고 체험했던 사실들이 인생의 초행길을 가는 젊은이들에게 자그마한 등불이 되길 바라는 저자의 마음을 느껴보자.

그대 인연을 사랑하라

남달구 지음 | 300쪽 | 값 15,000원

『그대 인연을 사랑하라』는 비록 남달구 기자가 세상에 내놓는 첫 번째 책이지만 안에 담긴 '맛과 멋'은 장인의 솜씨와 열정 그대로이다. 특종과 이슈가 아닌 '가치와 진실' 그리고 '참 나'를 찾아 떠나온 삶의 여정. 책 『그대 인연을 사랑하라』는 수많은 독자에게 참된 나와 진실한 세상으로 가는 길목의 이정표가 되어줄 것이다.

내 인생의 터닝 포인트

김원수 · 박필령 지음 | 316쪽 | 값 15,000원

이토록 행복하고 멋있게 살아가는 부부가 있을까. 이 책은 암이 가져다준 고통마저도 삶의 축복으로 승화시키는 애정과 헌신의 힘. 한 명의 보잘것없는 인간이 부부가 됨으로써 위대한 존재가 되어가는 과정을 담고 있다. "나의 인생이 즐겁고 아름다운 까닭은 단 하나, 바로 당신. 몇 번을 다시 태어나도 나에겐 오직 당신뿐입니다."

하루 7분 기적의 글쓰기

김병규 지음 | 256쪽 | 값 15,000원

참 '말' 많은 세상이지만 정작 몇 줄 글을 제대로 쓰는 사람은 찾아보기 힘든 세상이다. 책 『하루 7분 기적의 글쓰기』는 누구나에게 익숙한 장르인 수필을 중심으로 쉬운 글쓰기의 진수를 보여준다. 하루 5분은 이 책을 읽고 2분은 자신만의 글을 쓴다면 글쓰기는 더 이상 두려움을 대상이 아닌, 삶의 맛을 더욱 풍성하게 해주는 향신료로 다가올 것이다.

청춘이 스펙이다

정태현 지음 | 344쪽 | 값 15,000원

청춘을 망치는 대한민국의 잣대를 부숴라!
평사원으로 시작해 포스코 건설의 임원직까지 오르고, 이후 글로벌 기업 에어릭스의 대표가 된 정태현 저자가 이 시대의 청년들과 과거 청년이었던 모두에게 바치는 청춘의 노래. 이제 의미 없는 스펙의 굴레에서 벗어나 진짜 인생을 위한 스펙을 쌓아보자.

국가자격증 한 번에 합격하라

황새벽 지음 | 200쪽 | 값 12,000원

이 책은 현대인의 필수 이력사항인 '국가자격증'의 준비부터 합격까지 완전 분석한 책이다. 이과 출신의 전직 스튜어디스라는 독특한 이력의 저자가 알짜 노하우와 생생한 경험담으로 내용을 꽉 채워 독자에게 신뢰를 구한다. 국가자격증에 대한 가장 기본적인 정보부터 실증적이고 합리적인 공부법까지 국가자격증 합격을 위한 모든 비법을 담았다.

열정은 배신하지 않는다

김의식 지음 · 이준호 엮음 | 272쪽 | 값 15,000원

과연 대한민국의 대학교는 우리 젊은이들에게 지성과 밝은 미래의 산실이 되어 줄 수 있는가?
구태에서 벗어나 현실적이면서도 획기적인 방식으로 학생들을 지도하는 Yes Kim의 강의에 그 답이 있다. 듣는 것만으로도 가슴을 뛰게 하는, 그 열정을 행동으로 이끄는 수업에 귀 기울여 보자.

얌마! 너만 공부하나

김재규 지음 | 280쪽 | 값 15,000원

최고 합격률, 최다 수험생으로 매일 공무원 학원가의 신화를 새로 쓰는 김재규경찰학원 원장의 번외 강의 '정말 미치도록 즐겁게 공부하기'. 경찰공무원 수험 분야의 개척자, 최고의 공무원 학원 원장이라는 타이틀보다는 '진정한 인성 교육자' '학교폭력 예방의 선도자'라는 별칭을 더 좋아하는 괴짜 교수님의 특별한 강의가 지금부터 시작된다.